"가장 실력 있는 치유자
예수 그리스도가
지금 당신과 함께하십니다"

_____ 님께

하나님이 도우시는
치유의 시간

© 생명의말씀사 2017

2017년 5월 30일 1판 1쇄 발행

펴낸이 | 김재권
펴낸곳 | 생명의말씀사

등록 | 1962. 1. 10. No.300-1962-1
주소 | 서울시 종로구 경희궁1길 5-9(03176)
전화 | 02)738-6555(본사) · 02)3159-7979(영업)
팩스 | 02)739-3824(본사) · 080-022-8585(영업)

지은이 | 김민정

기획편집 | 서정희, 박미현, 김세나
디자인 | 김혜진
인쇄 | 영진문원
제본 | 정문바인텍

ISBN 978-89-04-16593-3 (03230)

저작권자의 허락없이 이 책의 일부 또는 전체를
무단 복제, 전재, 발췌하면 저작권법에 의해 처벌을 받습니다.

하나님이 도우시는 치유의 시간

PRAYER OF HEALING

김민정

병상에서 드리는 기도문

목 차

서문 _ 가장 실력 있는 치유자를 만나십시오

1 검사와 진단을 위한 기도 ———— 12

   "현실을 수용하게 하소서"

2 치료의 과정을 위한 기도 ———— 34

   "인내와 성실을 갖게 하소서"

3 수술을 위한 기도 ———— 56

   "모든 순간 하나님의 손길이 닿게 하소서"

4 병상 생활을 위한 기도 ——— 78

   "감사하는 마음을 갖게 하소서"

5 마음의 승리를 위한 기도 ——— 100

   "두려움과 원망의 유혹을 이기게 하소서"

6 암과의 싸움을 위한 기도 ——— 122

   "항암 치료의 고통을 이기게 하소서"

7 죽음의 두려움을 극복하기 위한 기도 ——— 152

   "모두가 천국 소망을 갖게 하소서"

서 문 PRAYER OF HEALING

가장 실력 있는
치유자를 만나십시오

아픈 사람의 마음은 아픈 사람이 제일 잘 압니다.
진정 위로 받기를 원한다면
아파봤던 사람에게 위로 받는 것이 제일 힘이 될 것입니다.
병이 낫기를 원한다면
우리는 가장 실력 있는 의사를 간절히 찾을 것입니다.
지금 병상에 있는 나에게 가장 간절한 부분입니다.

그래서… 예수를 바라봐야 합니다.
그분은 어떤 인간보다 깊은 아픔을 가졌던 분입니다.
예수보다 더 나의 아픔을 잘 이해하고 공감할 분은
이 세상에 없습니다.

그분만이 나를 향한 참된 위로와 치유의 능력을
가지고 계십니다.

질병 가운데서 우리의 연약한 눈은 끝없이 통증에 집착하고,
연약한 마음은 질병을 묵상하며,
수시로 고난의 깊은 우물을 향해 영혼을 내 던지려 합니다.
그런 나를 끌어내어
소망의 빛으로 시선을 바꾸어 주시는 분…
병상에 있는 지금 이 시간,
내 인생에 일어나는 일들을 해석할 능력을 가진 분이
누구일까요?
인간에게서는 찾을 수 없습니다.
나 자신도 물론 아닙니다.
나를 송두리째 맡기고도 불안하지 않을 치유자,
해석자는 오직 예수 그리스도입니다.
가장 실력 있는 치유자인
그분을 이 순간 구하고 만나야 합니다.

고난이 기도조차 못하게 만들 때…

우리의 의견은 묻지도 않고
강압적으로 성큼 몸 안으로 들어와 버린 질병.
화도 내보고, 원망도 해 보고 체념도 해 보지만
결과는 같습니다.
자신만의 고독한 싸움처럼 느껴지기도 합니다.
그 심정을 조금이나마 알기에,
병상이라는 캄캄한 터널의 입구에 들어선 분들에게
작은 위로가 되길 바라는 심정으로
이 기도문을 적었습니다.
왜 시시콜콜 상황에 맞춘 기도문을 썼을까요?
상황마다 우리의 간절함이 달라서입니다.

고난은 우리에게 때로 기도조차 못하게 만듭니다.
머릿속은 혼돈 그 자체이고, 마음은 혼탁해져서
분별이 잘 안될 때가 많습니다.

하나님 앞에 어떻게 나아가고 마음을 추슬러야 할지 모를 그때
이 짧은 기도문이 당신의 기도가 되길 바라는 마음으로
이 기도문을 썼습니다.

예수 그리스도가 당신을 찾아갑니다

나만 홀로 병상에 남겨진 것처럼 느껴질 때…
잊지 마십시오.
당신은 단 한 번도 홀로 남겨진 적이 없습니다.
눈에 보이지 않았을 뿐,
언제나 주님이 당신과 함께 계셨습니다.

이제 나만의 조용하지만 치열한 싸움에서
당신은 더 선명하게 주님을 만나게 될 것입니다.
이 시간들은 하나님과 함께 싸우는 싸움,
아니, 하나님이 대신 싸우는 싸움입니다.
때문에 꼭 승리할 것입니다.

함께 하실 것입니다.
절대 포기하지 마십시오.

이 병상으로 참된 위로와
치유의 능력과 평안의 선물을 담은 담대함을 가지고
예수 그리스도가 당신을 찾아갈 것입니다.

그분을 만난다면,
지금 이 병상은
내 인생에 가장 위대한 축복의 장소가 될 것입니다.

가장 실력 있는 치유자
예수 그리스도가 지금 당신과 함께하십니다.

_ 김민정 목사

1
검사와 진단을
위한 기도

**현실을
수용하게
하소서**

- 의사의 모든 판단과 결정 가운데 함께하여 주소서
- 진단의 과정 가운데 하나님의 일하심을 고대합니다
- 현실을 받아들이고 빨리 치료할 수 있는 결단을 허락하소서
- 벌어지지 않은 일에 미리 좌절하지 말게 하소서
- 어떤 결과든지 하나님께서 인도해 주실 것을 믿습니다

평안을
너희에게 끼치노니
곧 나의 평안을
너희에게 주노라

PRAYER OF HEALING

의사의 모든 판단과 결정 가운데
함께하여 주소서

지혜의 근원되시는 하나님 아버지,
오늘도 나와 함께하여 주심에 감사합니다.
질병이 발견되고 덜컥 겁이 날 때에
하나님께 감사하는 일이 참으로 어려운 것을 고백합니다.

피하고 싶은 일이고, 도망가고 싶은 일이지만,
이는 질병을 더 일찍 발견하게 하셔서,
나를 더 건강하게 하시려는 주님의 뜻임을 믿습니다.
오늘 하루의 모든 검사 과정을 주님께 올려드립니다.
함께하여 주소서.

주님께서 의사의 모든 판단과 결정 가운데
함께하여 주소서.
내가 원하는 대답은 질병이 없다는 것이지만,
혹여 내 몸의 질병을 놓치면서
내가 안심하게 되는
거짓된 결과가 나오지 않게 하소서.
두렵지만 내 안에 무언가 질병이 있다면
꼭 발견하게 하소서.

스스로를 속이며 얻는 거짓 평화가 더 큰 병을
일으킨다는 것을 깨닫고 결과를 받아들이게 하소서.
그래서 오늘 모든 검사와 진단의 과정 가운데
주님께서 함께하여 주소서.

내 몸 안에 있는 문제를 발견하게 하소서.
그 모든 종류의 질병들 속에서 오진하지 않게 하소서.

PRAYER OF HEALING

정확한 진단을 하게 하시고
정확한 치료 방법을 선택할 수 있도록
의사에게 지혜를 주소서.
문제의 원인을 알아야 문제를 해결할 수 있음을 믿습니다.
두렵지만 주님이 모든 과정 속에서 일하여 주셔서
나의 질병과 직면하고 치료하게 하소서.

그동안 나의 건강에 무관심하였던 것을 회개합니다.
늘 건강한 것이 당연한 것이라 여겼던 것을 용서하소서.
주님께서 주신 것 중에
내가 가장 소중히 여겼어야 하는 것을 외면하였습니다.
순간의 편이를 위해 먹고, 마시고,
행하는 일에 과하였음을 고백합니다.

이 기회를 통해
내가 참으로 연약한 존재임을 알게 하소서.

그리고 하나님을 더욱 의지하는 신앙의 회복이
이 시간 더 큰 열매로 다가오게 하소서.

두렵고 떨리는 마음으로 나의 질병 앞에 섭니다.
주님, 나의 팔과 다리를 붙잡아 주셔서
견디게 하시고, 강하게 하소서.
주님께 모든 것을 맡겨드립니다.

예수 그리스도의 이름으로 기도합니다.
아멘!

> 여호와께서 사람의 걸음을 정하시고
> 그의 길을 기뻐하시나니
> (시편 37편 23절)

진단의 과정 가운데
하나님의 일하심을 고대합니다

사랑의 하나님 아버지,

오늘도 주님께서 나를 지키시는 분이심을 고백합니다.

나의 믿음이 흔들리지 말게 하시고,

모든 두려움을 몰아내어 주십시오.

진단의 과정 가운데 하나님의 일하심을 고대합니다.

하나님께서 내 안의 모든 질병이 발견되게 하시고

고치기 위한 첫걸음을 잘 내디딜 수 있도록 도와주소서.

매 순간 의사의 판단을 주님께서 지켜주소서.

내 마음에 준비되어 있는 실망감을 몰아내어 주소서.

좌절할 준비를 하고 있다면
결과에 상관없이 감사를 준비하게 하소서.
결과가 괜찮다면,
나의 건강에 다시 진심으로 감사하는 삶을 살게 하시고,
괜찮지 않다면 ,
나를 살리기 위해 질병을 알게 하셨음에 감사하게 하소서.

신뢰할 만한 의사를 만나게 하시고,
그 또한 최선을 다하는 모습을 갖게 하소서.
치료를 두려워 하지 않게 하시고
수월한 치료의 과정을 보내도록 도와주소서.

이 모든 일 속에 주님께서 함께하심을 믿습니다.
나의 마음속에 담대함과 평안함을 함께 허락하여 주소서.
이 과정을 통해 하나님을 신뢰하는
아버지의 자녀 됨이 드러나게 하소서.

PRAYER OF HEALING

더 큰일을 막아주시는
하나님의 손길에 감사합니다.

담대함을 주소서.
주님을 신뢰하는 믿음을 더욱 강하게 하소서.
십자가를 지신 주님을 기억하며
이 땅의 모든 일에 감사할 수 있는 마음을 허락하소서.

모든 것을 주님께 올려드립니다.
오늘 하루 동행하시고 함께하소서.

나의 주인 되시는
예수 그리스도의 이름으로 기도합니다.
아멘!

여호와여 나의 발이 미끄러진다고 말할 때에
주의 인자하심이 나를 붙드셨사오며
내 속에 근심이 많을 때에
주의 위안이 내 영혼을 즐겁게 하시나이다

(시편 94편 18-19절)

현실을 받아들이고
빨리 치료할 수 있는 결단을
허락하소서

사랑의 하나님 아버지,

나를 보호하시는 하나님 아버지께

나의 모든 마음을 내려놓고 기도합니다.

나에게 닥친 질병 앞에

마음이 무너지고 어렵지만

이 순간 주님을 의지하기로 결단합니다.

내 질병의 원인과 정도를 발견해 갈 때

낙망을 심어주려는 사탄의 계략 앞에

십자가로 승리하게 하소서.

주님은 언제나 나에게
가장 선하고 아름다운 것을 주시는 분이심을
굳건히 믿습니다.
나는 이해할 수 없을지라도
나에게 벌어지는 일들 가운데
하나님의 일하심을 믿습니다.
이 질병이 다 낫기까지 필요한 모든 과정을
주님의 손에 올려드립니다.
말로만 올려드리는 것이 아니라,
진심으로 주님께 내려놓게 하소서.

모든 순간 하나님께서 순적하게 인도하여 주소서.
작은 것 하나가 순조롭지 않아서
번거로워지는 있는 일이 얼마나 많은지요.
하나님의 도우심이 필요하지 않은 부분이
단 하나도 없음을 고백합니다.

PRAYER OF HEALING

내가 건강을 완전히 회복하는 그 순간까지
주님! 특별히 나를 지키시고 인도하여 주소서.
나로 모든 두려움을 이기게 하소서.
하나님 아버지를 향한 거룩한 두려움만 남게 하시고
나의 믿음을 흔들리게 하는
모든 두려움이 사라지게 하소서.

하나님의 시선이 나에게 머물러 주시기를 기도합니다.
사람이 나와 함께할 수 없다면
주님께서 그 모든 공백을 채워주시고
부족함이 없게 하소서.
담대함을 허락하시고,
현실을 받아들이고 빨리 치료할 수 있는 결단을
나에게 허락하소서.
어느 병원을 선택하고 어떤 치료를 받아야 하는지
주님께서 지혜를 주서서 잘 결정하게 하소서.

돕는 사람을 붙여주시고

수많은 사람들의 조언 가운데

진정 지혜로운 자들의 조언을 분별하게 하소서.

주님을 믿음으로 낙망치 않고

감사한 마음으로 나아갑니다.

주님을 사랑합니다.

나의 구원자 되시는

예수 그리스도의 이름으로 기도합니다.

아멘!

> 너희는 여호와를 영원히 신뢰하라
> 주 여호와는 영원한 반석이심이로다
> (이사야 26장 4절)

벌어지지 않은 일에
미리 좌절하지 말게 하소서

모든 것을 아시는 하나님 아버지,
오늘도 나의 모든 것을 책임져 주시니 감사합니다.
주님 앞에 나의 모든 것을 내어 드리며 기도합니다.

예상치 못했던 질병으로 인해
뜻밖의 좌절을 경험하고 있습니다.
마음을 추스르려 하지만
놀란 가슴이 진정되지 않음을 주님 앞에 고백합니다.

나의 연약함을 붙잡아 주소서.

아직 온전한 결과가 나오지도 않았음에도
나의 마음은 이미 최악의 경고를 기다리는 것처럼
무너져 있음을 회개합니다.

하나님을 향한 믿음과 신뢰를 가지고
담대한 마음을 갖게 하소서.
벌어지지 않은 일에 미리 좌절하지 않게 하소서.
기다리는 초조함을 견디지 못해
주변 사람들에 대한 원망과 섭섭함이
먼저 앞섬을 용서하소서.
그들이 무슨 잘못이 있다고
내가 원하는 만큼 나에게 집중하지 않음에
시비 걸지 말게 하소서.

나의 초조함이 과장되어 있으면서도
그만큼을 요구하는 이기심을 내려놓게 하소서.

PRAYER OF HEALING

사방으로 우겨 쌈을 당하여도 주님께서 나와 함께 하신다면
내가 요동치 않으리라고 매일 고백해놓고,
아직 질병으로 우겨 쌈을 당하지도 않았는데
그 가능성만으로 모든 믿음을 던져 버리지 말게 하소서.

지금이 하나님의 주권과 그것을 향한 나의 믿음을
보여야 할 순간임을 기억하게 하소서.
내가 호들갑 떨지 않아도
나를 사랑하는 사람들은 나를 향한 사랑을
거두지 않는다는 믿음을 갖게 하소서.

질병 앞에 극도로 이기적으로 돌변하는
인간의 본성을 신앙으로 이기게 하소서.
인생에서 어려운 시험이기는 하지만
이것이 인생에서의 최고의 고통인 것처럼
모든 사람들을 다 무시하지 말게 하소서.

나의 어려움을 다른 사람을 향한 분노로
표출하지 말게 하소서.
하나님께서 나에게 참 좋으신 분이라는 사실을
굳게 믿게 하소서.
선하신 주님 앞에 순전한 믿음을 갖게 하소서.

나의 주인 되시는
예수 그리스도의 이름으로 기도합니다.
아멘!

> 평안을 너희에게 끼치노니 곧 나의 평안을 너희에게 주노라
> 내가 너희에게 주는 것은 세상이 주는 것과 같지 아니하니라
> 너희는 마음에 근심하지도 말고 두려워하지도 말라
> (요한복음 14장 27절)

어떤 결과든지
하나님께서 인도해 주실 것을
믿습니다

나의 반석이 되시는 하나님 아버지,
지금 나의 형편과 사정을
주님 앞에 내려놓고 기도합니다.

나에게 주어진 질병 앞에서
내가 어떻게 대처해야 할지를 알지 못하겠습니다.

"왜?"라는 질문보다 앞서 하나님 앞에 나아가
예기치 못한 어려움일지라도
이것을 받아들일 수 있는 마음을 허락하소서.

이것이 나에게 주어진 전쟁이라면
내가 치러야 하는 것임을 기억하게 하소서.
이 일을 인정하지 않고 승리할 수 있는 길은
없다는 것을 깨닫게 하소서.

실망과 좌절 앞에
스스로 마음을 방치하지 말게 하소서.
나의 마음을 다잡아 주님의 십자가 앞에 나아갑니다.
어떤 결과든지 하나님께서 인도해 주실 것을 믿고
소망으로 나아갑니다.
이 시간 주님께서 나를
힘들게 하시려는 것이 아님을 믿습니다.
모든 일들이 합력하여 선을 이루는 것을 믿습니다.

오늘 나에게 담대한 믿음을 허락하소서.
살아오는 동안 수많은 어려움에도 불구하고

PRAYER OF HEALING

잘 이겨왔던 것처럼 지금 이 시련도
잘 이겨낼 수 있음을 믿습니다.
나의 힘이 아니라 오직 주님의 힘으로
여기까지 올 수 있었던 것이 증거입니다.
내 삶과 존재의 반석이 되시는 주님께서
지금도 여전히 나와 함께하시니
당장 이 모든 두려움을 떨쳐버릴 수 있습니다.

나의 이 상황 안에
반드시 하나님의 도우심이 있음을 믿습니다.
주님께서 나와 함께하신다면
이 모든 일들을 통해
더 아름다운 역사를 이루실 줄 믿습니다.
그 믿음으로 오늘 내게 주어진 상황을
담대하게 마주하게 하소서.

어느 순간에도 이 믿음을 부여잡게 하소서.
오늘도 나를 아시고 지키시는 하나님께
나의 모든 것을 올려드립니다.
주님을 찬양합니다.

나의 도움이 되시는
예수 그리스도의 이름으로 기도합니다.
아멘!

> 아무 것도 염려하지 말고 다만 모든 일에 기도와 간구로,
> 너희 구할 것을 감사함으로 하나님께 아뢰라
> 그리하면 모든 지각에 뛰어난 하나님의 평강이
> 그리스도 예수 안에서 너희 마음과 생각을 지키시리라
> (빌립보서 4장 6-7절)

2

치료의 과정을
위한 기도

인내와
성실을
갖게 하소서

- 모든 치료 과정이 수월하게 지나가게 하소서
- 오늘도 나의 세포 하나하나가 새로워지게 하소서
- 모든 통증으로부터 자유롭게 하소서
- 의사와 간호사, 모든 조력자들의 손을 정교하게 하소서
- 이 병상이 복의 근원의 자리가 되게 하소서

> 공의로운 해가
> 떠올라서
> 치료하는 광선을
> 비추리니

PRAYER OF HEALING

모든 치료 과정이
수월하게 지나가게 하소서

은혜의 하나님 아버지,
오늘도 새날을 주신 것 감사합니다.
비록 아픈 몸으로 맞이하는 아침이지만,
오늘도 눈뜨게 하시고 새 마음 주신 것에 감사합니다.

오늘의 모든 치료를 주님 손에 맡겨 드립니다.
치료하는 의사와 간호사의 손길을
주님께서 붙잡아 주셔서 실수가 없게 하소서.
나의 마음이 별 것 아닌 것으로 인해
두려움에 싸이지 말게 하소서.

통증이 없게 하시고,
모든 치료 과정이 수월하게 지나가게 하소서.

이 일들이 더 나은 내일을 위한 과정이라는 것을
기억하게 하소서.
그래서 더 나은 미래에 대한 소망이 가득해서
기쁨으로 이 치료를 감당하게 하소서.
모든 치료 과정이 나를 고쳐 쓰시고자 하시는
주님의 뜻임을 믿습니다.
번거롭고 내키지 않는 치료 과정에서 불평이 생길 때 마다
이 세상의 누군가는 치료조차 할 수 없는
열악한 상황임을 기억하고 감사하게 하소서.

오늘도 모든 치료의 주체자 되시는 분이
하나님이심을 믿습니다.
주님의 손에 나의 생명이 있음을 믿습니다.

PRAYER OF HEALING

의사와 간호사의 손길을 붙잡아 주소서.
그들을 통하여 나를 고치게 하심을 감사합니다.
단지 그들의 직업이니 당연하다 여기지 말게 하시고,
치료의 손길에 고마운 마음을 갖게 하시며
좋은 마음으로 오늘 하루를 살게 하소서.

오늘 하루가 새로워지게 하시고,
병상에 누워있는 이 시간에도
내가 마음만 먹으면 많은 것을 할 수 있음을 알게 하소서.

매 순간 기도하게 하시고,
지난 나의 시간들을 돌아보고
감사하는 시간이 되게 하소서.

나의 미래를 기대하며 꿈꾸게 하소서.
사랑하는 사람들을 생각하며 그들을 축복하게 하소서.

나의 마음이 기도로 가득하고
감사가 넘치는 하루 되게 하소서.

나를 사랑하시는 예수 그리스도의 이름으로 기도합니다.
아멘!

> 기다리는 자들에게나 구하는 영혼들에게
> 여호와는 선하시도다
> 사람이 여호와의 구원을 바라고
> 잠잠히 기다림이 좋도다
> (예레미야애가 3장 25-26절)

오늘도 나의 세포 하나하나가
새로워지게 하소서

나를 지키시는 하나님 아버지,
새로운 아침을 맞이하게 하시니 감사합니다.

오늘도 태양이 변함없이 떠오른 것처럼,
이 아침에도 하나님의 사랑이
변함없이 나를 비추고 계심을 믿습니다.

아버지로부터 새 힘을 얻는
하루가 되게 하여 주소서.
주님을 의지함으로 시작하는 하루 되게 하소서.

PRAYER OF HEALING

오늘도 내 느낌과 기분에
좌우되지 말게 하소서.

하나님이 안 계신 것 같은 마음이 든다고
하나님이 안 계신 것이 아님을 알게 하소서.
내가 더 아픈 느낌이 든다고 해서
내 몸이 더 아파지는 것이 아님을 알게 하소서.

내 감정의 흐름대로
모든 상황을 좌지우지하지 않게 하소서.
치료 과정 중에 더 아플 수도 있고
때로 더 힘들 수도 있지만
실망하지 말게 하시고, 믿음으로 이기게 하소서.

인생을 살아오며 많은 굴곡이 있었지만,
지금까지 잘 견뎌온 것처럼

PRAYER OF HEALING

오늘도 건강의 굴곡 앞에 일희일비하지 않고
의연하게 하소서.

비온 뒤에 땅이 더 굳어진다는 믿음으로
오늘 내 인생이 더 단단해지고 있음에 감사합니다.

오늘도 나의 세포 하나하나가
새로워지게 하소서.
나쁜 것은 물러가고,
좋은 것들이 가득하게 하소서.

오늘도 밥 잘 먹게 하소서.
소화 잘 시키게 하소서.
치료에 도움이 되는 운동에도 의욕이 있게 하소서.
내가 치료를 위해 더 노력하게 하소서.

하나님의 은혜와 나의 노력이
함께하는 하루 되게 하소서.

오늘을 주님께 맡겨드립니다.
나의 보호자 되시는
예수 그리스도의 이름으로 기도합니다.
아멘!

내 이름을 경외하는 너희에게는
공의로운 해가 떠올라서 치료하는 광선을 비추리니
너희가 나가서 외양간에서 나온 송아지 같이 뛰리라

(말라기 4장 2절)

모든 통증으로부터
자유하게 하소서

능력의 하나님 아버지,
어제도 무사히 한 날이 가게 하시고,
새날을 허락하여 주심에 감사합니다.

이 날을 축복하며 기도합니다.
예수 그리스도 안에서 자녀 된 나는
하나님의 축복을 받은 자녀입니다.

비록 지금 내가 병상에 누워있다 하더라도
나를 향한 아버지의 사랑은 변함이 없음을 믿습니다.

PRAYER OF HEALING

오늘도 그 믿음이 흔들리지 말게 하시고,
병상에 누워있는 내가 아니라
이것을 이긴 후의 내 모습을 바라보며 감사하게 하소서.

오늘 하루 가운데 고통이 없게 하소서.
모든 통증으로부터 자유하게 하시고,
어제보다 조금은 더 나은 몸으로 회복하게 하소서.
나를 무너뜨리려고 하는 원수가
한 길로 왔다가 일곱 길로 도망가게 하소서.
나의 육체를 힘들게 하여 나의 영혼까지 무너지게 하려는
속임수에 넘어가지 말게 하소서.
그래서 나의 영혼이 날마다 새로워지고 충만해져서
나의 육체도 회복되는 은혜를 허락하소서.

오늘도 하늘의 문을 여시고 아름다운 것들로
나의 자리를 채워주소서.

PRAYER OF HEALING

이미 주신 많은 것들에 감사하게 하시고,
입술을 열어 주님을 찬양하게 하소서.
비록 나의 몸은 쇠약하고 병들어 있으나
한편으로 이 고통이
살아있다는 증거임을 기억하게 하소서.

죽은 자에게는 통증이 없으니
살아있어 통증을 느낄 수 있음에 감사하게 하소서.
나의 아픔을 주님께 올려드립니다.
주님께서 받으시고 고치시고 회복시켜 주소서.

가뭄의 땅에 비를 내리시듯이
건강을 잃어버린 내 육체의 가뭄에
생명의 단비를 허락하소서.
나의 육체는 쇠잔하여도
나의 영혼을 더욱 강하게 하소서.

그래서 나의 영혼이 육체의 장애물을 이겨
극복하는 하루 되게 하소서.

언제나 나의 힘이 되시는
예수 그리스도의 이름으로 기도합니다.
아멘!

그러할지라도 내가 오히려 위로를 받고
그칠 줄 모르는 고통 가운데서도 기뻐하는 것은
내가 거룩하신 이의 말씀을 거역하지 아니하였음이라
(욥기 6장 10절)

의사와 간호사, 모든 조력자들의 손을 정교하게 하소서

치유의 능력이 되시는 하나님 아버지,
병든 자를 고치시고 약한 자를
강하게 하시는 아버지가
나의 아버지임에 감사합니다.

오늘 이 시간에 그 주님을 향하여
나의 눈을 듭니다.
나의 도움이 주님께 있음을
고백하고 인정합니다.

PRAYER OF HEALING

오늘 나의 병상 가운데 있는
모든 사탄의 계획이
무효가 되게 하시고
예수 그리스도의 십자가 보혈로
영적인 승리를 거두게 하소서.

나의 머리에 주님의 영광이 임하게 하셔서
주님으로만 가득한 하루가 되게 하소서.
구원의 투구를 씌워주셔서
나에게 천국을 약속하시니
그 약속을 믿는 믿음으로 강건하게 하소서.

오늘도 나에게 필요한 치료가 적절히 이루어지게 하소서.
의사와 간호사, 모든 조력자들의 손을 정교하게 하소서.
나의 몸을 회복시키기 위한
모든 조치들이 올바르게 하소서.

PRAYER OF HEALING

나의 몸이 이 모든 치료들을
잘 받아들이게 하소서.

온전한 방향으로 치료가 이루어지게 하시고
혹여, 잘못된 것이 있다면 빨리 발견되게 하소서.
그래서 하나님께서 이루고자 하시는 치유가
온전히 내 몸 가운데 이루어지게 하소서.
내가 무의식중에 있더라도
늘 승리의 주님을 기억하게 하소서.

그래서 어둡고 부정적인 것들,
하나님의 법을 흐트러뜨리는 모든 것을 물리치고
주님의 힘으로 승리하는 자 되게 하소서.

오늘도 성령 하나님의 치유하시는 힘을 힘입어
나을 줄을 믿습니다.

나를 고치시고 회복시켜주소서.

주님께서 저에게 허락하신
의료의 선물을
감사히 받고 순응합니다.
합력하여 일하여 주소서.

나를 고치시는
예수 그리스도의 이름으로 기도합니다.
아멘!

> 여호와가 너를 항상 인도하여
> 메마른 곳에서도 네 영혼을 만족하게 하며
> 네 뼈를 견고하게 하리니
> 너는 물 댄 동산 같겠고
> 물이 끊어지지 아니하는 샘 같을 것이라
> (이사야 58장 11절)

이 병상이 복의 근원의
자리가 되게 하소서

내 안에 계신 하나님 아버지,
오늘도 내 안에 계셔서
나의 모든 것을 함께 경험해 주시니 감사합니다.

어떤 사람도 나를 이해할 수 없으나,
주님께서는 온전히 나를 이해하십니다.
나의 모든 질병의 아픔을
불쌍히 여기시는 아버지, 감사합니다.
주님께서 나를 아신다는 것 때문에
얼마나 큰 위로가 되는지 모릅니다.

오늘도 나의 연약함과 고통을
아시는 주님, 감사합니다.

오늘도 시원스럽게 숨을 쉴 수 있는
은혜를 주시고,
굳건한 걸음걸이를 허락하소서.
음식의 맛을 알게 하시고
잘 소화할 수 있는 은혜를 주소서.
나의 모든 신체 기관이 원활하게 움직일 수 있는
축복을 허락하소서.
내 몸의 세포 하나하나에
생명의 힘이 깃들게 하소서.
말씀으로 천지 만물을 창조하셨던 것처럼
지금 나의 육체를 새롭게 창조하여 주소서.

주님의 사랑으로 내가 회복되어 가는 것을 믿습니다.

PRAYER OF HEALING

눈에 보이는 상황에
감정이 휘둘리지 않게 하시고,
굳건한 믿음으로 소망을 품고 나아가게 하소서.

오늘도 부정적인 입술로
죄를 짓지 않기를 원합니다.
믿음의 입술로
하나님의 창조의 능력을 선포하게 하시고,
마음으로 믿어 내 안에서 일하시는 하나님의 역사를
더욱 견고하게 하소서.

주님께서 나의 누워있는 자리를 축복하여 주소서.
이 자리가 생명의 자리가 되게 하소서.
이 병상이 복의 근원의 자리가 되게 하소서.

이 자리에서 소망이 넘쳐나고

이 자리에서 하나님의 말씀과 생수가 넘쳐나게 하소서.
오늘도 주님께서 나의 모든 것 되심을 고백합니다.

나의 삶과 죽음을 주님께 올려드립니다.
나의 생의 모든 주권을 주님께 드리오니
주님께서 다스리시고 인도하시고 회복시키소서.

나의 모든 것 되시는
예수 그리스도의 이름으로 기도합니다.
아멘!

> 그리스도의 평강이 너희 마음을 주장하게 하라
> 너희는 평강을 위하여 한 몸으로 부르심을 받았나니
> 너희는 또한 감사하는 자가 되라
> (골로새서 3장 15절)

3

수술을
위한 기도

모든 순간
하나님의 손길이
닿게 하소서

- 하나님의 손에 나의 생명과 건강을 맡깁니다
- 차가운 수술실에 들어갈 때 모든 두려움을 없애 주소서
- 병상에 있는 동안 모든 경제적인 어려움도 주님께 올려 드립니다
- 가장 좋은 때, 가장 좋은 상황에서 수술하도록 도와주소서
- 회복하는 시간에 주님의 도우심을 구합니다

내가 지었은즉
내가 업을 것이요
내가 품고 구하여
내리라

PRAYER OF HEALING

하나님의 손에
나의 생명과 건강을 맡깁니다

주권자 되시는 하나님 아버지,
이 아침에 나의 생명을 이어주시고,
새로운 아침을 맞게 하신 아버지 감사합니다.

온몸이 아프고 힘들지라도
나의 감각이 살아있다는 것에 감사하게 하소서.
육체적 고통이 찾아올 때에
그 고통으로 인하여 마음이 더 무너지는 일이 없게 하소서.
오늘도 이 통증을 주님께서 가져가 주시고
나의 마음을 위로하여 주소서.

오늘 수술을 앞두고 마음에 찾아온 모든 불안을
깨끗이 없애길 원합니다.
하나님을 신뢰함으로 마음의 모든 두려움을 몰아내고
하나님의 손에 나의 생명과 건강을 맡깁니다.

이 모든 과정이 나를 죽이려는 것이 아니라
나를 살리려는 것임을 믿습니다.
그래서 주님께서
나로 이 병을 발견하게 하셨음을 믿습니다.
예수 그리스도의 사랑으로 나의 모든 두려움을 덮으시고
평안을 허락하소서.

하나님은 내 삶의
모든 주권자 되시는 분임을 믿습니다.
내가 있어야 하는 나의 가정과 일터,
모든 곳의 공백을 주님께 올려드립니다.

PRAYER OF HEALING

믿음이 없이는 안식할 수 없다 하셨으니
이 병상에 있는 시간이 낭비의 시간이 아니라
참된 안식의 시간이 되게 하소서.

그러기 위하여 모든 것을 주님께 내어 드리고
나의 짐을 내려놓는 시간 되게 하소서.
나의 모든 불안과 두려움을
예수의 이름으로 몰아내게 하소서.

천국은 예수 그리스도를 믿는 자들의 것이며
하나님은 우리를 책임져 주시는 분이시기에
나는 이제 자유합니다.
질병으로부터 자유하게 하시고,
주님의 품 안에서
안식하는 치료의 시간되게 하소서.

오늘도 나를 지키시고
주관하실 것을 믿고 감사드립니다.
수술의 모든 과정을 주님께 올려드립니다.
오늘의 은혜를 내려주소서.

모든 것 예수 그리스도의 이름으로 기도합니다.
아멘!

> 너희는 너희 하나님 여호와를 신뢰하라
> 그리하면 견고히 서리라
> 그의 선지자들을 신뢰하라
> 그리하면 형통하리라
> (역대하 20장 20절 하)

차가운 수술실에 들어갈 때
모든 두려움을 없애 주소서

생명의 주인 되시는 하나님 아버지,
오늘 수술을 앞두고 주님 앞에 무릎을 꿇습니다.

나의 생명이 주님의 손에 있으니
오늘 내가 아무 것도 장담할 수 없는
연약한 존재임을 인정하고 주님의 도우심을 구합니다.
오늘의 모든 수술 가운데 하나님께서 역사하여 주소서.
의사의 손을 주님께서 붙들어 주셔서
본인의 실력을 뛰어넘는 놀라운 시간이 되도록
은혜를 베풀어 주소서.

누구도 함께 들어갈 수 없는 차가운 수술실에 들어갈 때
모든 두려움을 없애 주소서.
아무리 가까운 가족이라도,
아무리 사랑하는 사람이라도,
절대로 함께할 수 없는 곳이 수술실이오니
오직 주님만이 나와 함께하여 주소서.
나의 손을 꼭 붙들어 주소서.

춥고 떨리는 그곳을 성령의 불로 따뜻하게 하시고
나를 주님의 사랑으로 감싸 주소서.
외롭거나 고독하게 느끼지 않도록 돌보시고
나의 마음을 온전히 품어 주소서.

수술은 의사의 손에 맡기지만,
나의 모든 생명은 주님의 손에 있음을 믿고
모든 것을 주님께 맡겨 드립니다.

PRAYER OF HEALING

나를 살리시고,
나로 이 땅에서의 사명을 이룰 수 있는 기회를
다시 한 번 허락하소서.

내가 숨 쉴 때마다 주님을 느끼게 하셔서
편안히 잠자고 일어나면
모든 것이 다 잘 끝나고
모든 질병으로부터 해방되게 하소서.
좋은 의사, 좋은 간호사를 만나게 하시고
그 어떤 사람도 불성실하지 않게 도우소서.

걱정하는 가족들의 마음을 위로하시고,
이 일을 통해 더 사랑할 수 있는 관계가 되게 하소서.
이 질병으로 인해 누구도 원망하지 말게 하시고,
하나님의 손길로 더 건강한 모습으로
회복되는 기회가 되게 하소서.

모든 두려움을 내어 버립니다.
주님께 맡겨 드림으로
내가 주님을 신뢰하는 믿음이 있음을 증명하게 하소서.
주님의 참된 샬롬이 임하게 하여 주소서.

나를 지키시는
예수 그리스도의 이름으로 기도합니다.
아멘!

> 내 양은 내 음성을 들으며
> 나는 그들을 알며 그들은 나를 따르느니라
> 내가 그들에게 영생을 주노니
> 영원히 멸망하지 아니할 것이요
> 또 그들을 내 손에서 빼앗을 자가 없느니라
> (요한복음 10장 27-28절)

병상에 있는 동안
모든 경제적인 어려움도
주님께 올려 드립니다

나와 함께 하시는 하나님 아버지,
인생에서 수술 한 번 하지 않고 살 수 있는 것이
얼마나 큰 축복인지요.
하지만 이제 수술을 앞두고
주님의 도우심을 간절히 구합니다.

주님께서 나를 고치시고 낫게 하시려고
이런 기회를 주신 줄 믿습니다.
이제 수술하는 모든 과정 가운데
하나님께서 지키시고 돌보아 주소서.

하나님께서 베푸시는 은혜로
모든 과정이 최선의 결과를 얻게 하소서.

수술 준비와 수술 진행, 그리고 수술 이후의 회복까지
주님께서 모든 과정을 주도하여 주소서.
나의 몸이 강건하여서 이 수술을 잘 견디게 하소서.
좋은 수술을 받고도
나의 몸이 너무 쇠약하여
회복하지 못하는 일이 없게 도와주소서.
나의 몸이 최상의 컨디션으로
수술을 잘 받을 수 있게 도와주소서.

낫고자 하는 나의 굳은 의지와 하나님을 향한 믿음으로
이 수술이 최고의 결과를 얻게 하시고,
하나님의 기적과 나의 노력이 하나 되어
아름다운 열매를 허락하소서.

PRAYER OF HEALING

주님 앞에 나의 모든 것을 내어 맡깁니다.
내가 병상에 있는 동안
모든 경제적인 어려움도 주님께 올려 드립니다.
주님께서 내 문제의 해결자 되어 주셔서
질병으로 인해 벌어지는 모든 일을
주님께서 해결하여 주소서.
나의 연약함을 아시는 주님께서 내 모든 상황을 아시오니
그 상황 그대로 주님의 선한 인도하심이
순조롭게 이루어지게 하소서.

나를 돌보아야 하는 가족들과
사랑하는 사람들의 마음을 어루만져 주소서.
그들의 마음도 나만큼이나 두렵고 그 짐이 무거울텐데
그 짐을 주님께서 거두어 주소서.
모두가 지쳐가는 시간이 아니라
모두가 하나되고 더 소중해지는 시간이 되게 하소서.

내가 아프다는 것 때문에

그들의 노고를 무시하지 말게 하시고

당사자가 아님에도

함께 고통을 나누는 그들에게 감사하게 하소서.

모든 것을 주님의 손에 올려드립니다.

나의 주인 되시는

예수 그리스도의 이름으로 기도합니다.

아멘!

지혜로도 못하고, 명철로도 못하고
모략으로도 여호와를 당하지 못하느니라
싸울 날을 위하여 마병을 예비하거니와
이김은 여호와께 있느니

(잠언 21장 30-31절)

가장 좋은 때, 가장 좋은 상황에서
수술하도록 도와주소서

사랑의 하나님 아버지,
수술을 앞두고 주님 앞에 기도합니다.

내 육체의 모든 연약함을 아시는 아버지,
주님께서 나를 만드시고 사랑하심을 믿습니다.
나의 몸에 칼을 대야 한다는 사실만으로
너무도 두렵고 떨립니다.
주님, 나의 두려움을 몰아내어 주소서.
처음이어도 여러 번이어도 언제나 두려운 것이 수술입니다.
주님, 모든 것을 주님께 맡겨드립니다.

모든 일정과 과정을
주님께서 지키시고 인도하소서.
가장 좋은 때 수술시간을 잡게 하시고,
가장 좋은 상황에서 수술하도록 도와주소서.

나는 나를 치료하는 사람들이
무슨 생각을 하는지 전혀 알 수 없습니다.
그들의 손에 나를 맡기며
나는 이제껏 주님께 이만큼의 신뢰를 드렸었는지
돌아봅니다.

어려움을 앞두고서야
주님을 간절히 찾는
나의 얄팍함을 회개합니다.
그럼에도 불구하고 주님께서는
주께로 달려오는 자를 거절하지 않으심을 믿습니다.

PRAYER OF HEALING

내가 부끄러움을 무릅쓰고
아바 아버지를 부르고 달려가오니
주님, 나를 기쁨으로 안아주소서.
내가 건강하여 회복되는 그날까지
주께서 눈동자와 같이 나를 지켜주소서.
매 순간 주님을 기억하는 하루하루로
준비하게 하소서.

나의 몸이 연약해졌어도
마음까지 연약해지지 않게 하소서.
고치고 다시 달려갈 수 있음을 잊지 말게 하시고,
잃은 것 뒤에는
반드시 얻은 것이 있음을 기억하게 하소서.

건강을 회복하고
더 깊은 신앙으로 주님 앞에 서겠습니다.

질병을 통해 주님을 더 깊이 만났으니
이것이 인생의 기쁨과 확신의 만남이 되게 하소서.
주님을 사랑합니다.

나의 보호자 되시는
예수 그리스도의 이름으로 기도합니다.
아멘!

> 야곱의 집이여 이스라엘 집에 남은 모든 자여
> 내게 들을지어다
> 배에서 태어남으로부터 내게 안겼고
> 태에서 남으로부터 내게 업힌 너희여
> 너희가 노년에 이르기까지 내가 그리하겠고
> 백발이 되기까지 내가 너희를 품을 것이라
> 내가 지었은즉 내가 업을 것이요
> 내가 품고 구하여 내리라
> (이사야 46장 3-4절)

회복하는 시간에
주님의 도우심을 구합니다

나의 하나님 아버지,
수술을 잘 마치게 하시니 감사합니다.
힘겨운 수술 시간을 잘 견디게 하시고,
이 모든 과정 가운데 함께해 주셔서 감사합니다.

나 홀로 있었던 그 시간이 사실은 나 혼자가 아니라
주님께서 나의 안에 함께해 주셨음을 알고 있습니다.
그래서 이 수술을 견딜 수 있었음을 고백합니다.
나는 아무 것도 모르고 잠만 자다가 나왔지만,
모든 것을 아시며 모든 순간 도우신 아버지 감사합니다.

PRAYER OF HEALING

이제 수술을 마치고 회복하는 이 시간에
주님의 도우심을 간절히 구합니다.
이 수술이 좋은 결과를 가져와
온전하게 나을 수 있고
깨끗한 치료가 이루어지게 하소서.

혹여 미흡한 부분이 있었다면
나를 만드신 주님께서
그 모든 부족함을 채우시고 역사하셔서
온전한 건강을 허락하여 주소서.
수술 후 부작용이 없게 하시고,
모든 것이 깨끗이 낫게 하소서.
상처 부위가 염증이 나지 않고 잘 아물게 하시고,
흉터가 최소화되게 하소서.

할 수만 있다면 다시 수술 받는 일이 없게 도와주소서.

PRAYER OF HEALING

이제 남은 치료의 시간들 가운데에도
주님이 함께하여 주소서.

큰 위기를 넘기며 한 고비 한 고비를 지나갈 때마다
주님께 감사를 드립니다.
인생의 또 한 고비를 넘게 하시니 감사합니다.
이 수술을 통해 나의 옛사람도 잘라내게 하시고,
나의 교만의 벽도 무너지게 하소서.
인간이 얼마나 연약한 존재인지를 알고
더욱 주님을 경외함으로 의지하게 하소서.

내 몸 안에 있는 모든 부적절한 것들을 내어 버리고
몸이 새롭게 되게 하소서.
그보다 마음이 더욱 새로워지는 역사를 허락하소서.
예수 그리스도의 이름으로 모든 산들은 평지가 되고
내 몸의 모든 장애물들은 사라지며

새로운 삶으로 도약하는 시작이 되게 하소서.

모든 것이 실망이 아니라 희망이 되게 하시고,
이 계기를 통해 모든 사탄의 계획이 무너지고
하나님의 놀라운 계획이 내 삶에 펼쳐지게 하소서.
주님을 기대합니다.
나의 자리에 함께하소서.

나의 희망이 되시는
예수 그리스도의 이름으로 기도합니다.
아멘!

> 그런즉 누구든지
> 그리스도 안에 있으면 새로운 피조물이라
> 이전 것은 지나갔으니 보라 새 것이 되었도다
> (고린도후서 5장 17절)

4

병상 생활을
위한 기도

감사하는
마음을
갖게 하소서

- 주님은 나를 만드신 분이시니 나를 고치실 줄 믿습니다
- 나로 인하여 어려움을 겪는 가족과 돌보는 이에게 감사
- 나의 영혼은 더 빛날 수 있음을 기억하게 하소서
- 모든 행사를 여호와께 맡기고 걱정하지 말게 하소서
- 오늘도 내 배에서 생수의 강이 흘러넘치길 소망합니다

> 우리의 겉사람은
> 낡아지나
> 우리의 속사람은
> 날로 새로워지도다

PRAYER OF HEALING

주님은 나를 만드신 분이시니
나를 고치실 줄 믿습니다

사랑의 하나님 아버지,
오늘도 주님의 인자하심과 성실하심을 믿습니다.

새로운 하루를 선물로 주신 아버지 감사합니다.
하루가 이렇게 길고
또 하루가 이렇게 소중한지 이전에는 몰랐습니다.
이제 이 하루를 보낼 때
주님께서 내 손을 잡아 주소서.
나와 동행하여 주소서.

오늘도 모든 통증이 사라지게 하소서.
내 몸 안에서 일어나는 일들을 나는 알 수 없으나,
주님은 모두 아십니다.

나를 만드신 분이시니,
나를 고치실 수 있음을 믿습니다.
하루 속히 이 육신의 고통에서 벗어나게 하소서.
하루 빨리 일어나 맑은 공기를
자유롭게 마실 수 있는 날을 허락하소서.

그간 나에게 주어졌던 건강에 감사합니다.
이제 그 시간들이
얼마나 소중하고 감사한 것인지 깨달았습니다.
다시 나에게 그런 시간들이 주어진다면
정말 감사하고 찬양하며 살기 원합니다.

PRAYER OF HEALING

주님, 나에게 그런 시간을
빨리 허락하여 주소서.

침상에 누워 있는 이 시간
모든 허망한 생각을 버리게 하소서.
이 시간 지난날들을 생각하며
참으로 많은 감사할 거리를 생각나게 하소서.
그리고 주님께서 주실 미래의 건강을 기대하며
감사하게 하소서.

오늘 내가 견뎌야 하는 이 시간이
미래의 나를 위한 투자라고 생각하게 하소서.
기쁠 때 찬양하고 고난당할 때 기도하라 하셨으니
이 침상의 시간이 모두 기도의 시간이 되게 하소서.
오늘도 하루 종일 주님과 대화하는
아름다운 시간되게 하소서.

주님의 인자 속에 동행하게 하소서.
나를 사랑하시는 예수 그리스도의 이름으로 기도합니다.
아멘!

여호와여
아침에 주께서 나의 소리를 들으시리니
아침에 내가 주께 기도하고 바라리이다
(시편 5장 3절)

나로 인하여 어려움을 겪는 가족과 돌보는 이에게 감사

생명의 주관자 되시는 하나님 아버지,
사랑하고 감사합니다.
아침에 눈을 뜨게 하심에 감사합니다.
물을 마실 수 있는 건강 주심에 감사합니다.
손가락 발가락이 움직일 수 있게 하심에 감사합니다.

과거에는 큰 것에도 감사하지 못했지만,
건강을 잃어버리고서야
아주 작은 것에 감사하게 되었습니다.
오늘도 내가 잃어버린 것들에 집착하지 말게 하소서.

지금 내가 가진 것이
얼마나 많은지에 집중하게 하소서.
그래서 훗날 또 잃어버리고는
그때 또 감사하지 못했음을 후회하지 말게 하소서.

오늘 내 몸의 작은 것들을
바라보게 하신 아버지께
나의 모든 것을 맡기게 하소서.

오늘 해야 하는 모든 치료와 수술과 과정들을
주님께 올려드립니다.
나는 의사가 아니어서 잘 모르지만,
주님께서는 나의 진정한 의사시니 나를 도우소서.
나를 담당한 의사에게 지혜와 능력을 허락하여 주소서.
오진하지 말게 하시고, 실수 하지 않고
병을 잘 판단하여 치료의 길로 인도하게 하소서.

PRAYER OF HEALING

나를 간병하고 있는 이의 수고를 잊지 말게 하소서.
나의 모든 짜증을 그들에게 쏟지 말게 하시고,
오늘도 나로 인하여
어려움을 겪는 가족과 나를 돌보는 이에게
감사의 말을 전하는 하루 되게 하소서.
때로 불만족스럽고 섭섭할지라도
나라면 그렇게 잘 하지 못했을 것임을 기억하고
감사하게 하소서.

어차피 머물러야 할 이 병상에서
서로 즐겁고 감사하며 따뜻하게 지내게 하소서.
비록 나는 아프지만 작은 것이라도
배려할 수 있는 마음의 여유를 허락하소서.

예수 그리스도의 이름으로 기도합니다.
아멘!

너희 안에서 착한 일을 시작하신 이가
그리스도 예수의 날까지 이루실 줄을
우리는 확신하노라

(빌립보서 1장 6절)

나의 영혼은 더 빛날 수 있음을
기억하게 하소서

나를 회복시키시는 하나님 아버지,
이 아침에 주님을 기억하며 감사를 드립니다.
주님이 함께하셔서
오늘 아침을 맞을 수 있음을 기억합니다.
오늘도 주님을 느낄 수 있는 하루 되게 하소서.

거울을 통해 수척해진 얼굴을 바라볼 때
상한 얼굴로 말미암아 마음까지 상하지 말게 하소서.
매일 얼굴을 들여다보며
나의 얼굴을 상하지 않게 하려고 노력을 해 왔지만

내 영혼을 들여다보고
내 영혼의 상함을 돌보는 데에는
관심이 없었습니다.
지금도 수척해진 얼굴만 보지 말게 하소서.
얼굴과 몸은 수척해져도
나의 영혼은 더 빛날 수 있음을 기억하게 하소서.

오늘 하루 피할 수 없는 질병으로 말미암아
비록 몸은 수척해질 지라도
나의 영혼을 다듬어
하나님과 더욱 가까워지는 시간 되게 하소서.

이 시간이 나의 몸보다 영혼을 더 빛나게 할 수 있는
기회임을 알고 감사하게 하소서.
더 많은 시간, 주님을 기억하고
마음을 열어 주님과 동행하게 하소서.

PRAYER OF HEALING

몸을 멈추어 하던 일에서 멀어지게 하셨으니
잠잠히 나의 마음을 열고,
영혼을 일으켜 하나님을 바라보게 하소서.

오늘 아침 수척해진 나의 영혼을 새롭게 하소서.
주님을 만남으로서
풍성한 기쁨과 감사가 넘치는 하루 되게 하소서.

내가 다 나아서
밖으로 달려 나갈 때가 되었을 때
나의 육체만이 아니라
나의 영혼이
더욱 강해지고 변화된 모습을 맞이하게 하소서.
비온 후에 땅이 굳어질 때
육신의 건강만 다져지는 것이 아니라,
영적 건강이 더 많이 다져지게 하소서.

오늘도 그 주님을 기대합니다.

나의 모든 것 되시는
예수 그리스도의 이름으로 기도합니다.
아멘!

그러므로 우리가 낙심하지 아니하노니
우리의 겉 사람은 낡아지나
우리의 속사람은 날로 새로워지도다

(고린도후서 4장 16절)

모든 행사를 여호와께 맡기고
걱정하지 말게 하소서

나의 하나님 아버지,

인생이 나의 맘대로 되지 않음에 감사합니다.

만약 모든 것이 내 맘대로 되었다면

나는 하나님을 찾을 일이 없었을 것입니다.

아무리 해도 안 되는 일이 있기 때문에

그 끝에 서서 한숨을 내쉬며

하늘을 보게 하시니 감사합니다.

분명 나의 몸인데 내 맘대로 할 수 없어

그 답답함에 다시 하나님을 찾습니다.

하나님을 더 가까이 할 수 있다면,
어떤 상황보다도 병상의 이 시간이
훨씬 더 은혜임을 고백합니다.
내가 아버지를 찾는 것보다
더 큰 은혜는 없음을 고백하고 감사를 드립니다.
그래서 나의 질병을 인하여 감사드립니다.

많은 일이 미뤄지고 뒤틀리고 어그러졌을지라도
이 병상에서 내가 주님을 찾으니
이보다 더한 수확은 없음에 감사합니다.
모든 행사를 여호와께 맡기라 하셨으니
병상에 있으면서 일 걱정하지 말게 하시고
오직 주님께 집중하게 하소서.

몸이 아파 불편하니 이전에 건강했던 삶에
감사하게 됩니다.

PRAYER OF HEALING

병원비로 인해 돈이 많이 필요해지니
예전의 건강이 단지 육체적으로만
감사할 일이 아님을 알게 되었습니다.
하나님의 도우심이 없다면
치료받는 이 과정도 유지할 수 없음을 고백합니다.
질병으로 인해 불편함을 느낄 때마다
이전의 모든 자유함에 감사하게 하소서.
그리고 다시 그 자유를 얻을 때
지금 이 시간을 기억하여 겸비하게 하소서.

경제적인 어려움을 내어 놓고 기도합니다.
병원비를 마련하는 일이 어렵지 않도록 도와주소서.

나의 질병으로 인하여
가족에게 피해가 많이 가지 않도록 도와주소서.
이 일로 가족이 불행해지는 일이 없게 하시고,

오히려 더 사랑하고 화목한 가정이 되도록
주님께서 함께하여 주소서.
미안해서 더 무뚝뚝한 것이 아니라,
미안해서 더 많이 사랑하고 표현하는 내가 되게 하소서.

나의 보호자 되시는
예수 그리스도의 이름으로 기도합니다.
아멘!

그리스도께서 너희를 사랑하신 것 같이
너희도 사랑 가운데서 행하라
그는 우리를 위하여 자신을 버리사
향기로운 제물과 희생제물로 하나님께 드리셨느니라
(에베소서 5장 2절)

오늘도 내 배에서
생수의 강이
흘러넘치길 소망합니다

나의 왕이신 하나님 아버지.
하나님께서 모든 것을
다스리시는 주권자이심을 고백합니다.

오늘도 나에게 벌어지는 수많은 일들 가운데서
나를 지키시고 보호하여 주소서.
무엇보다 나의 건강 가운데 일어나는
모든 나쁜 일을 막아 주소서.
오늘도 이 병실 생활이
좋은 시간 되길 소망합니다.

나의 모든 예민한 신경들을 무디게 하여 주소서.
문제되지 않는 것들을 문제 삼아
힘들어 하지 말게 하시고,
모든 것을 편안하게 받아들일 수 있는
너그러운 마음을 허락하소서.

오늘도 이 병상에서 편안한 쉼을 얻게 하소서.
누워있다고 쉼이 아니라
진정으로 마음도 안식을 누릴 수 있는
휴식이 되게 하소서.
끊임없이 세상을 향해 뻗어 있는
나의 관심과 신경을 다시 거두어들이게 하소서.

지금은 오롯이 이 자리와 환경을 허락하신
하나님을 생각하며
주님과 동행하는 시간을 갖게 하소서.

PRAYER OF HEALING

병이 낫기만을 바라며 조급해 하기보다
이 어려운 환경을 묵상하며
하나님의 뜻을 구별하는 시간이 되게 하소서.

어디로 가야할지 모르는 배는
모든 바람이 풍랑이 되듯이
지금 이 순간 나는 어디로 가고 있는지
주님께 묻고 답하는 소중한 시간을 갖게 하소서.
과연 이 시간이 풍랑일지 순풍일지
주님 앞에 나아가 기도하며 감사하게 하소서.
오늘도 내 배에서 말로 다 할 수 없는
생수의 강이 흘러넘치길 소망합니다.
주님께서 주신 기쁨으로 나의 환경을 다스리게 하소서.

지금 넘어졌다고 생각하지 말고,
숨을 고르고 다시 시작할 수 있다는 믿음을 허락하소서.

오늘 나는 내 삶의 방향을 모르지만,

이것이 순풍이 될 줄로 믿습니다.

이 바람으로 인해 더 빨리 갈 줄 믿습니다.

세상의 성공으로 빨리 가는 것이 아니라,

주님을 붙좇아 가는 사랑으로 더 빨리 갈 줄 믿습니다.

그리고 그것이 내 생에 가장 큰 복이 될 것을 믿습니다.

주님을 사랑합니다.

나의 주 되신

예수 그리스도의 이름으로 기도합니다.

아멘!

그러나 내가 가는 길을 그가 아시나니
그가 나를 단련하신 후에는 내가 순금 같이 되어 나오리라

(욥기 23장 10절)

5

마음의 승리를
위한 기도

두려움과
원망의 유혹을
이기게 하소서

- 하나님께서 부어주시는 참된 평안이 병상에 임하게 하소서
- 남은 일평생 질병에 패배하지 않는 삶을 살게 하소서
- 병상의 자리에 봄이 오게 하는 사람이 되게 하소서
- 나의 모든 눈물을 거둬주시고, 품 안에 나를 안아 주소서
- 이 과정이 하나님과의 시간을 찾는 기회가 되게 하소서

모든
지킬 만한 것 중에
더욱 네 마음을 지키라
생명의 근원이
이에서 남이니라

PRAYER OF HEALING

하나님께서 부어주시는 참된 평안이
병상에 임하게 하소서

사랑의 하나님 아버지,

하나님은 사랑이 많다고 하셨는데

나의 질병을 생각하면

섭섭한 마음이 앞서는 것을 고백합니다.

안 그러려고 하지만 왜 나여야 하는지,

나는 제외될 수 없었는지 늘 마음이 복잡해집니다.

주님, 용서하여 주시옵소서.

그리고 나의 마음을 주님께서 주시는

평안과 믿음으로 가득 채워 주소서.

원망하고 걱정한다고
나아지는 것이 하나도 없음을 알지만
마음대로 잘 되지 않는 이 연약함을 용서하소서.
그리고 지금 이 상황이
그래도 내가 감당할 만한 상황임을 믿게 하소서.
그래서 더욱 주님의 도우심을 구합니다.

오늘 하루 동안에
마음에 갈등과 원망이 사라지게 하소서.
오늘은 이 모든 상황을 단순하게 받아들이고
감사하는 하루가 되게 하소서.
숨 쉬고 있음에 감사하고,
치료 받을 수 있음에 감사하게 하소서.

오늘도 다른 사람들과
비교하지 말게 하시고,

PRAYER OF HEALING

나를 살리기 위해 이곳으로 인도하신
하나님께 감사하게 하소서.
나를 속이는 거짓 평안이 아니라,
주문 외우듯 하는 억지 평안이 아니라
하나님께서 부어주시는 참된 평안이
나의 병상에 임하게 하소서.
나의 마음을 주님께 올려드립니다.

오늘도 치유가 있는 하루가 되게 하소서.
작은 것 하나라도 나빠지지 않고
좋아지는 하루가 되게 하소서.
온전한 치료의 시간을 주님께 맡겨드리고
나의 건강을 위해
쉬고 노력하는 하루 되게 하소서.
모든 병상 가운데 있는 사람들을 축복하셔서
그들에게도 하나님의 기적이 임하게 하소서.

하나님을 알지 못하는 자들이
주님을 발견하는 기회가 되게 하소서.

나의 생명 되시는
예수 그리스도의 이름으로 기도합니다.
아멘!

> 모든 지킬 만한 것 중에
> 더욱 네 마음을 지키라
> 생명의 근원이 이에서 남이니라
> (잠언 4장 23절)

남은 일평생
질병에 패배하지 않는
삶을 살게 하소서

나를 기다려 주시는 하나님 아버지,
새로운 날을 선물로 주시니 감사합니다.
온몸이 고장 난 차처럼 삐거덕거리고 움직여지지 않습니다.
예전에는 존재조차 알지 못하던 내 몸의 부분들이
하나하나 다 느껴지는 불편을 경험하며
그동안 얼마나 평안한 날들을 살았는지 알게 되었습니다.

하나님께서 너무도 세밀하게 나를 만드신 것에 감탄합니다.
그리고 하나님께서 이 모든 부분을
온전하게 지키셨음에 감사합니다.

하나님 아버지,

남들은 다 달리는데, 달리지 못하고

이렇게 멈추어져 있는 스스로가 무력해 보입니다.

그들이 부럽고 내가 초라해 보입니다.

그러나 이런 마음 때문에 비관하지 말게 하소서.

실망하거나 좌절하지 말게 하소서.

하나님께서 지금 나로 멈추게 하신 것은

나를 고치시고 회복시키셔서

더 멋진 삶을 주시려는 선한 인도하심임을 믿습니다.

그동안 내 몸이 내 것인 것처럼

입에 단 것과 몸에 편한 것을 추구하며

나에게 즐거운 것을 위해 살았습니다.

나를 돌보지 않았던 죄를 용서하소서.

이제 내 몸을 위해 청지기와 같은 마음으로

몸을 훈련하고 돌볼 수 있는 책임감을 주소서.

PRAYER OF HEALING

즐겁지 않아도 나에게 유익한 것을
선택하는 결단력을 허락하소서.
질병 앞에 경성함으로 이 고난의 때를 잊지 않고
남은 일평생 질병에 패배하지 않는 삶을 살게 하소서.
지금은 고장 난 차처럼 멈추어 있지만,
이 자리에 함께 머물며
나를 기다려주시는 주님으로 인해
다시 소망을 갖게 하소서.

오늘도 나의 영혼은 주님을 향해 달려갑니다.
영혼은 몸의 제약을 받지 않음에 감사드리며,
오늘 나의 영혼을 살찌우기 위해
기도와 말씀에 집중하는 하루 되게 하소서.
우울해지는 마음을 붙잡아 일으키는
주님의 약속의 말씀을 부여잡게 하소서.
오늘도 십자가의 은혜로 더 견고해지는 하루 되게 하소서.

주님을 사랑하고 주님의 손을 붙들고
오늘도 달려갑니다.
나와 함께하소서.

나의 구원자 되시는
예수 그리스도의 이름으로 기도합니다.
아멘!

> 내 마음이 약해 질 때에
> 땅 끝에서부터 주께 부르짖으오리니
> 나보다 높은 바위에 나를 인도하소서
> (시편 61편 2절)

병상의 자리에
봄이 오게 하는 사람이 되게 하소서

생명의 주인 되시는 하나님 아버지,
오늘도 하나님의 성실하신 은혜에 감사합니다.
날마다 나를 새롭게 하시는 하나님께서
오늘도 나를 지키시고 보호하여 주소서.

인생에서 질병이라는
어려움을 만나게 하신 아버지 감사합니다.
이 어려움을 통해 새로운 기적을 경험하게 하실 줄 믿습니다.
주님을 만나는 기적과 질병을 이기는 기적을
모두 허락하여 주소서.

무엇보다 주님을 만나는
기적을 놓치지 말게 하소서.

인생의 어려움을 만날 때에 하나님을 원망하지 말게 하시고
그 어려움을 통해 하나님을 눈으로
보고 만지는 은혜가 나에게도 임하여
욥의 고백이 곧 나의 고백이 되게 하소서.
그리고 그것이 일평생 나의 신앙 고백이 되게 하소서.

오늘도 이 병상이 추운 겨울처럼 되지 말게 하소서.
고난의 자리라 하더라도
이곳이 영혼의 봄의 자리가 되게 하소서.
질병이 나를 다스리지 못하게 하소서.
내가 질병을 다스려
몸과 마음에 꽃을 피우는 봄을 만들게 하시고
영혼의 새 힘을 허락하소서.

PRAYER OF HEALING

나를 위해 기도하는 많은 사람을 주심에 감사합니다.
나는 그들이 어려울 때 그렇게 기도하지 못했는데,
그들은 값 없이 나를 위해 기도하니
얼마나 감사한지요.

그들의 기도에 감사함으로 빚지게 하시고,
기쁨으로 그것을 갚을 기회를 허락하소서.
받을 때는 당연히 받고
줄 때는 생색냈던 지난날들을 회개합니다.
줄 때 당연히 주게 하시고,
받을 때 유난히 감사하는 사람이 되게 하소서.

오늘도 병상의 자리에
봄이 오게 하는 사람 되게 하소서.
나를 우울함으로 뒤덮으려는
사탄의 계획에 넘어가지 말게 하시고,

주님과 푸른 초장에서
회복을 꿈꾸는 하루 되게 하소서.
병상의 겨울을 밀어내고,
하나님의 봄이 임하게 하는
아버지의 자랑스런 자녀 되게 하소서.
주님께 모든 것을 맡겨 드리고 의지합니다.

나의 봄이 되시는
예수 그리스도의 이름으로 기도합니다.
아멘!

> 산들이 떠나며 언덕들은 옮겨질지라도
> 나의 자비는 네게서 떠나지 아니하며
> 나의 화평의 언약은 흔들리지 아니하리라
> 너를 긍휼히 여기시는 여호와께서 말씀하셨느니라
> (이사야 54장 10절)

나의 모든 눈물을 거둬주시고, 품 안에 나를 안아 주소서

나의 위로가 되시는 하나님 아버지,
오늘도 이 하루를 나에게 허락해 주심에 감사합니다.

매일 똑같은 하루를 시작하지만
이 하루를 통치하시는 하나님께서 특별하시기 때문에
그 하나님이 임재해 주시는 나도
특별할 수 있음을 고백합니다.
주님께서 놀라우신 분이시기 때문에
내가 누워있는 지루한 이 병상이
놀랍고도 신비한 장소가 될 것을 믿습니다.

오늘 그 주님을 기다리고 기대하며
하루를 시작합니다.

나의 모든 눈물을 거둬주시고,
주님의 품 안에 나를 안아주소서.
쉴 곳 없어 피곤하고 기댈 어깨 없어 흐느꼈던
모든 아픔들을 주님께서 품에 안아주소서.
주님께 기대고, 주님께 맡기고
평안히 눈을 감아 안식하는 하루 되게 하소서.
이 시간들이 단순히 시간 낭비와
고통만이 점철된 시간이 아니라,
주님의 품 안에서 안식하는
아름다운 시간이 되게 하소서.
전쟁으로 총성이 울려도
엄마의 품에 안겨 깊은 잠을 잘 수 있는 어린아이처럼
그런 안식을 오늘 하루 나에게도 허락하소서.

PRAYER OF HEALING

"오늘은 하나님께서 내게 선물로 주신 하루다!"라고 선포하며
이 하루를 귀한 선물로 여기게 하소서.
다른 사람의 한 달보다
오늘 나의 하루가 훨씬 더 소중하다는 믿음으로
한 순간 한 순간을 감사하며 보내게 하소서.

나의 마음에 예수 그리스도의 보혈을 가득 채워 주소서.
그래서 시도 때도 없이 지나가는 우울한 마음과
때로는 냉담한 마음, 원망의 마음과 좌절의 마음들이
깨끗이 물러가게 하소서.
나의 마음에는 오직 주님의 사랑으로 점철된
보혈만이 가득하게 하소서.

그 어떤 악한 것들도
나의 몸과 마음에 담기는 일이 없게 하소서.
오늘 그 선하고 아름다운 하나님의 인도하심을 따라

나의 질병이 회복되게 하시고, 삶의 의욕이 넘치게 하소서.
큰 소리로 찬양하고, 입술로 믿음을 고백하게 하소서.
나의 입술로 내뱉는 말이
나의 생활을 주관한다는 것을 알게 하셔서
감사의 고백과 찬양과 기도가 내 입술에 넘치게 하소서.
오늘도 나를 안아주시는 주님을 의지하고
하루를 시작합니다. 나를 꼭 안아주소서.

나의 피난처 되시는
예수 그리스도의 이름으로 기도합니다.
아멘!

> 주께서 내 영혼을
> 사망에서, 내 눈을 눈물에서,
> 내 발을 넘어짐에서 건지셨나이다
> (시편 116편 8절)

이 과정이
하나님과의 시간을 찾는
기회가 되게 하소서

나의 도움이 되시는 하나님 아버지,
언제나 나와 함께하시니 감사합니다.

주님의 약속의 말씀이 있음에도
때로는 나의 마음을 다스리지 못하고
흔들리고 있음을 고백합니다.
오늘도 나의 마음의 흔들림을 붙잡아 주옵소서.
주님께서 주시는 평강으로
나를 인도하소서.

고통과 절망이라는 인생의 바닥에서
수많은 사람이 비로소 하나님을 만나게 된다고 합니다.

이것이 나의 인생의 고난이라면
이 과정을 통해 하나님을 만나게 하소서.
이해할 수 없는 아픔을 겪을 때마다
주님의 십자가를 기억하고 견디게 하소서.
건강을 잃어버렸으나 다시 찾게 하시고,
하나님과의 시간을 잃어버렸으나
이 과정이 하나님과의 시간을 찾는 기회가 되게 하소서.

오늘도 나의 상황 속에서
낙망하지 말게 하소서.
주님으로 인해 새로운 꿈을 꾸게 하시고
그 꿈을 이루기 위한
휴식의 시간으로 삼게 하소서.

PRAYER OF HEALING

보이는 조건과 상황에 좌지우지 되지 말게 하시며
환경의 노예가 되지 않고
주님의 다스림 속에 자녀 된 자유함을 누리게 하소서.
"채찍에 맞음으로 나음을 입었도다!"라는 말씀이
나의 병상에서도 이루어지게 하소서.

오늘도 조금씩 나의 건강이 전진하게 하소서.
나의 보이지 않는 세포와 몸의 기관들이
하나님의 능력으로 회복되게 하소서.
나의 육체의 건강이 회복되는 만큼
피폐해진 나의 영혼도
주님의 은혜로 충만해지게 하소서.

주님을 갈망합니다.
나의 몸과 영혼을 받으시고 온전히 다스려 주소서.

항상 나의 곁에 계시는
예수 그리스도의 이름으로 기도합니다.
아멘!

하늘이여 노래하라
땅이여 기뻐하라
산들이여 즐거이 노래하라
여호와께서 그의 백성을 위로하셨은즉
그의 고난 당한 자를 긍휼히 여기실 것임이라
(이사야 49장 13절)

6

암과의 싸움을
위한 기도

항암 치료의
고통을
이기게 하소서

- 견딜 수 있는 힘과 위로를 공급하여 주소서
- 어렵고 힘겨운 싸움의 한 가운데 주님이 계심을 믿습니다
- 풀처럼 시들어지는 나의 영혼을 새롭게 하소서
- 왜 나여야 하냐는 질문에서 벗어나게 하소서
- 기쁨으로 다시 주님 앞에 서겠다고 선언하고 선포합니다
- "내가 너를 사랑한다" 말씀하여 주소서
- 주님은 나의 피난처이십니다

오직 여호와를
앙망하는 자는
새 힘을 얻으리니
독수리가 날개 치며
올라감 같을 것이요

PRAYER OF HEALING

견딜 수 있는 힘과 위로를
공급하여 주소서

하나님 아버지,
오늘도 나의 힘이 되어 주시니 감사합니다.

내일 항암 치료를 앞두고 주님 앞에 도우심을 구합니다.
알지 못하는 치료를 앞두고
무엇보다 두려움을 없애 주시옵소서.

연약한 몸이 약을 잘 견디게 하시고,
몸은 연약하지만 마음을 강하게 하여 주셔서
치료의 모든 과정을 잘 이겨나갈 수 있게 하소서.

PRAYER OF HEALING

무엇보다 모든 두려움을 없애 주시고,
주님의 손을 잡고 이겨가게 하소서.

두통을 없애 주시고,
구토 증상이 나지 않게 도와주소서.
약의 부작용을 최소화하여 주시고
좋은 세포를 망가뜨리지 않도록 지켜주소서.
수술 부위가 빨리 낫게 하시고,
항암 치료의 과정 가운데
모든 암세포가 사라지게 하소서.

가장 짧게 가장 효과적인 치료가 되게 하시고,
견딜 수 있는 힘과 위로를 공급하여 주소서.

누구도 대신 할 수 없는 통증 가운데 있을 때에
주님이 나의 손을 잡아 주소서.

PRAYER OF HEALING

고통으로 외롭다는 생각이 들지 않게 하시고
사랑의 마음으로 지켜보는 가족들로 인하여
견딜 힘을 주소서.

기도하는 수많은 사람들의 마음이
위로가 되게 하소서.
머리카락도 빠지지 않게 하시고,
낯빛도 변하지 않게 하소서.
이 모든 것은
새로운 생명을 위한 과정임을 잊지 말고
힘을 내게 하소서.

주님께서 밤낮 없이 지키시고
동행하실 줄 믿습니다.
건강함을 곧 허락하여 주소서.

우리 생명 되시는
예수 그리스도의 이름으로 기도합니다.
아멘!

두려워하지 말라 내가 너와 함께 함이라
놀라지 말라 나는 네 하나님이 됨이라
내가 너를 굳세게 하리라
참으로 너를 도와 주리라
참으로 나의 의로운 오른손으로 너를 붙들리라
(이사야 41장 10절)

어렵고 힘겨운 싸움의 한 가운데 주님이 계심을 믿습니다

나를 도우시는 하나님 아버지,
감사합니다.
오늘도 힘겨운 싸움의 한 가운데서
주님의 이름을 부릅니다.
그 이름에는 크신 능력이 있음을 믿습니다.

모든 전쟁에서 승리하시는 분이요,
나를 고치시는 분이며,
나를 끝까지 인도하시는 분이십니다.
나의 이 어렵고 힘겨운 싸움의 한 가운데

PRAYER OF HEALING

주님이 계심을 믿습니다.

나를 버티게 하시고, 인내로 견디게 하시되
나에게 완전한 소망을 허락하여 주소서.

오늘도 모든 고통의 치료 가운데서
나를 지키소서.
나의 오장육부가 흔들리고
단 한 순간도 평안을 유지할 수 없는 이 시간에
주님께서 나의 안에 들어와 주소서.
내 안에 모든 병마를 물리쳐주시고,
내 모든 육체의 세포들이 편안해질 수 있도록 도와주소서.

질병과의 싸움만이 아니라
질병을 업고 있는 죽음과의 싸움 앞에서도
무서워 도망치지 말게 하소서.

PRAYER OF HEALING

나의 몸과 마음과 나의 영혼까지
송두리째 흔들어 나의 믿음을 시험하고
고통 속에 나를 함몰시키려고 하는
모든 마귀의 계략에서 승리하게 하소서.

주님의 손을 나의 아픈 곳에 얹어주셔서
나를 다시 태어나게 하소서.
아버지께서 나를 만드실 때 주셨던
내 몸의 모든 아름답고 건강한 세포들을 다시 살려 주시고
암세포를 죽이려 할 때 건강한 세포가 죽는 일이 없도록
주님 보호하여 주소서.

병을 없애기 위해 병원에 왔는데,
나의 영혼이 죽는 일이 없도록 주여 나를 지키소서.

오늘도 고통 속에서 주님을 찬양합니다.

나의 마음은 이 고난을
이길 수 없을 것 같은 좌절의 문 앞에 왔으나
나의 얼굴을 돌려 주님을 바라보며
나의 입술을 억지로라도 열어 주님을 찬양합니다.

나를 건지시는 주님, 나를 살리시는 주님을 믿습니다!
주님의 구원을 찬양합니다.

나를 수렁에서 건지시는
예수 그리스도의 이름으로 기도합니다. 아멘!

> 내 영혼아 네가 어찌하여 낙심하며
> 어찌하여 내 속에서 불안해 하는가
> 너는 하나님께 소망을 두라
> 그가 나타나 도우심으로 말미암아
> 내가 여전히 찬송하리로다 (시편 42편 5절)

풀처럼 시들어지는
나의 영혼을 새롭게 하소서

나의 빛이 되시는 여호와 하나님,
나의 눈을 뜨고 감음을 주관하시는 하나님 아버지,
이렇게 오늘도 눈을 뜨게 하심에 감사합니다.

그러나 이 눈을 뜸과 동시에
오늘 몰려올 고통 앞에 두려워 떨고 있는 나를
불쌍히 여겨 주소서.
오늘은 어제보다 나은 하루를 선물로 주소서.
내 안에 죽어가며 몸부림치는 암세포로 인하여
나의 온몸이 힘겨워하고

생전 처음 경험하는 고통 앞에
어찌할 바를 알지 못하겠나이다.
제발 오늘 나로 이 고통에서 벗어나게 하소서.

주께서 나에게 생명을 주셨고 그 생명을 지키기 위해
이 시간이 있음에 감사합니다.
나의 감사한 마음이 고통보다 훨씬 더 커서,
이 시간들을 이겨갈 수 있는 힘이 되게 하소서.

"여호와여 내 기도를 들으시고 나의 부르짖음을
주께 상달하게 하소서.
나의 괴로운 날에 주의 얼굴을 내게서 숨기지 마소서.
주의 귀를 내게 기울이사 내가 부르짖는 날에 속히
내게 응답하소서. 내 날이 연기 같이 소멸하며
내 **뼈가** 숯 같이 탔음이니이다"(시 102:1-3)
이 고백이 나의 고백입니다.

PRAYER OF HEALING

오늘 나의 부르짖음을 들으시고,
풀처럼 시들어지는 나의 영혼을 새롭게 하소서.
주님께서는 다윗의 하나님이시며
또 나의 하나님이심을 믿습니다.
아무도 이해하지 못하는 이 고통과 외로움에서
나를 건져주소서.
사랑하는 가족들이 나를 이해하지 못한다고 해서
그들이 나를 돕지 않고 있는 것이 아님을 잊지 말게 하소서.
사탄의 모든 이간질에서 승리하게 하시고
그들이 어떤 방식이든 나와 함께 이 고통에 참여하고 있음이
위로가 되게 하소서.

비록 이 시간이 참으로 다시 기억되고 싶지 않은 시간이지만,
이 시간 때문에 내가 주님을 만나 진정으로
주님 앞에서 서게 되었으니 참으로 감사합니다.
하나님과 동행하는 이 시간,

나의 몸과 영혼이 다시 생명을 얻고
살아나고 있음을 믿습니다.
이제까지 아픈 자를 외면하며
나의 건강에 자만했던 것을 용서하시고
이 고통 후에는 작은 고통이라도 가진 자들을 향해
더 넓은 가슴으로 품을 수 있는 사람이 되게 하소서.

주님을 진심으로 사랑합니다.
내 안에 살아계시는 예수 그리스도의 이름으로 기도합니다.
아멘!

> 내가 너와 함께 있어 네가 어디로 가든지
> 너를 지키며 너를 이끌어 이 땅으로 돌아오게 할지라
> 내가 네게 허락한 것을 다 이루기까지
> 너를 떠나지 아니하리라 하신지라
> (창세기 28장 15절)

왜 나여야 하냐는 질문에서
벗어나게 하소서

사랑의 하나님 아버지,
오늘도 통증으로 아침을 시작하지만
그럼에도 불구하고 하나님을 기억합니다.
주님께서 오늘도 나를 붙들고 계심을 믿습니다.

나의 몸은 아직도 고통 가운데 있고,
나의 마음은 아직도 혼란 가운데 있지만
나를 지키시는 주님을 믿고 감사하기로 작정합니다.
주님께서 나와 동행하심을 믿습니다.

이 아침에 나에게 새로운 힘을 주셔서
이 통증을 이길 수 있는 은혜를 주옵소서.
아니, 이 통증이 사라지게 하소서.
주님의 모든 능력이 나의 몸에 동원되어
나로 하여금 이 고통에서 벗어나게 도와주소서.
나의 욕심인줄 알면서도 이렇게 기도할 수밖에 없는
연약한 인간임을 용서하소서.
오늘도 나에게 역사하시는 주님의 은혜로
무엇보다 평안히 쉴 수 있게 하소서.
무엇보다도 주님의 은혜를 통해
고통에서 해방되길 원합니다.

끊임없이 나의 마음 가운데 존재하는
왜 나여야 하냐는 질문에서 벗어나게 하소서.
특별한 사연이 있는 사람들이어야 한다고
생각했었음을 용서하소서.

PRAYER OF HEALING

언제나 모든 특별한 사건 사고들에서
나는 예외일거라 여기면서 살았음을 고백합니다.
모든 일들은 언제나 나에게도
일어날 수 있다는 것을 알게 되었지만
그럼에도 나에게 주어진 이 일들 앞에
의연할 수 없음을 고백합니다.
나를 불쌍히 여겨 주소서.

이 병상에 있는 가운데에도
하나님의 기적과 같은 도우심을 맛보아 알기를 소망합니다.
아니, 병상에 있기 때문에 더욱 하나님을 알고,
하나님을 느끼고 맛보기를 원합니다.
오늘 나의 고통이 무의미한 것이 아니라
주님의 십자가 고통을 생각하고
주님과 동행할 수 있는 시간이 되게 하소서.
내가 곧 승리하리라고 믿습니다.

주님께서 나와 동행하시니
나의 이 고통은 반드시 끝이 나고
기쁨의 찬양을 드릴 날이 있음을 믿습니다.
그날을 속히 내게 허락하소서.

나의 왕이 되시는
예수 그리스도의 이름으로 기도합니다.
아멘!

> 여호와께서 사람의 걸음을 정하시고
> 그의 길을 기뻐하시나니
> 그는 넘어지나 아주 엎드러지지 아니함은
> 여호와께서 그의 손으로 붙드심이로다
> (시편 37편 23-24절)

기쁨으로 다시 주님 앞에 서겠다고
선언하고 선포합니다

나의 왕이 되시는 하나님 아버지,
나를 만드시고 나의 이름을 불러
나로 이 땅에 태어나게 하시니 감사합니다.
주님께서 나의 인생과 나의 죽음 이후의 천국까지도
모든 것을 주장하고 계심을 믿습니다.
오늘도 하나님 아버지의 주권을 믿습니다.
주님께서 나의 모든 것을 주관하시고 계심을 믿습니다.
그래서 오늘 병든 자의 자리에 있는
나의 삶도 주님께서 아시며
주님의 손 안에 나의 인생이 있음을 믿고 고백합니다.

PRAYER OF HEALING

때로는 하나님의 주권을 믿는 믿음이
흔들려서 나로 시험 들게 합니다.
나는 이 모든 것을 이해하지 못하는
작고 연약한 인간입니다.
나는 알 수도, 추측할 수도 없는 이 진흙탕 길에서
오직 주님을 바라보기를 원합니다.
소망을 놓지 않고 주님을 바라보게 하소서.

바라볼 수 없는 중에 주님을 바라봅니다.
꿈꿀 수 없는 중에 주님이 주신 꿈을 꿉니다.
살 것 같지 않은 중에 내가 살아날 수 있음을 기대합니다.
마음으로 외치며 영혼을 다해 소리칩니다.
나는 죽지 않고 살아나서 기쁨으로
다시 주님 앞에 서겠다고 선언하고 선포합니다.

나를 둘러싸고 있는 모든 마귀들은 물러가며,

PRAYER OF HEALING

나의 가는 길에 늪과 장애물을 놓은
모든 악한 것들이 사라지게 하소서.
주께서 나의 가는 길에 다리를 놓으시며,
나로 모든 장애물을 미리 발견하게 하시고
이 길을 살아 넘어가게 하소서.
절대로 포기하지 말게 하소서.
내가 낙망의 늪으로 걸어 들어가려고 할 때마다
주님의 강한 팔로 나를 막아 주시고.
그 길로 더 이상 갈 수 없도록
내 귀에나 눈 앞에 기둥같이 서서 막아주소서.

생명의 주님께서 나를 지키고 계시니
모든 악한 영들이 나로 부터 멀리 도망가게 하소서.
주님은 나의 군대 장관이시니
나의 모든 전쟁에서 앞서 싸워주실 줄 믿습니다.

나를 품에 안고 싸우시는 주님의 품 안에서
내가 오늘 안식하기 원합니다.
고통의 시간들에 시달리지 말게 하시고
오늘 주님의 품 안에서 쉼을 얻게 하소서.
주님만 믿고 이 하루를 시작하고 맡겨 드립니다.

나의 성벽이 되시는
예수 그리스도의 이름으로 기도합니다.
아멘!

> 여호와의 말씀이니라
> 너희를 향한 나의 생각을 내가 아나니
> 평안이요 재앙이 아니니라
> 너희에게 미래와 희망을 주는 것이니라
> (예레미야 29장 11절)

"내가 너를 사랑한다"
말씀하여 주소서

나의 치료자 되시는 하나님 아버지,
주님의 이름을 부를 때에 응답하소서.
하나님 아버지의 수많은 이름들의 기적이
나의 삶에 가득하게 하소서.

나는 지금 무너져 있는 것처럼 보이나
하나님은 나를 살리시는 분이니
내가 다시 일어나 승리할 것을 믿습니다.
보이는 것에 매달리지 말게 하시고,
지금 보이지 않는 미래에 소망을 두게 하소서.

PRAYER OF HEALING

예수 그리스도의 보혈의 능력이
온전히 내게 임하여 나를 덮어 주소서.
나를 덮으려고 하는 모든 우울함을 물리치게 하소서.
죽은 자와 같은 나의 표정과
무너질 것 같은 나의 뼈들에서
모든 어두움을 물리쳐 주소서.

나의 머리카락으로 주님의 발을 씻기며,
나의 얼굴을 들어 주님을 바라봅니다.
나의 뺨에 흐르는 눈물이
주님께 나를 맡겨드리는
믿음의 고백이 되게 하소서.
나의 모든 분노가 이 눈물로 씻겨지게 하소서.

나의 귀로 주님의 위로의 음성을 듣게 하소서.
나의 입술로 기도가 멈춰지지 말게 하소서.

PRAYER OF HEALING

나의 연약한 팔을 주님의 강한 팔로 감싸 잡으시고,
나의 무너지는 허리를 잡아 일으켜
나로 다시 소생하게 하소서.

주저앉아 버리는 나의 다리와
꺾인 무릎이 주님을 바라봄으로
굳건히 일어서게 하소서.
나의 발을 반석 위에 올리셔서
다시는 늪에 빠지지 않게 하소서.

지금 이 순간 갈비뼈가 부러질 만큼
강하게 끌어안으시는 예수 그리스도의 포옹이
나를 붙잡고 놓지 말아 주소서.
그 힘이 조금의 틈도 없게 하셔서
불안한 나의 영혼을 달래주소서.
그 사랑 앞에 안심하게 하소서.

주님, 나를 안으시며
우뢰와 같이 큰 소리로 말씀하여 주소서.
"내가 너를 사랑한다! 내가 너를 사랑한다"
절대로 잊지 못할 음성으로 가슴에 새겨 주소서.

나로 살게 하시는
예수 그리스도의 이름으로 기도합니다.
아멘!

너의 하나님 여호와가 너의 가운데에 계시니
그는 구원을 베푸실 전능자이시라
그가 너로 말미암아 기쁨을 이기지 못하시며
너를 잠잠히 사랑하시며
너로 말미암아 즐거이 부르며 기뻐하시리라 하리라
(스바냐 3장 17절)

주님은
나의 피난처이십니다

나의 하나님 아버지,

낙심의 구렁텅이에 빠져 아무도 보기 싫고,

아무와도 말하기 싫고, 아무 것도 보고 싶지 않습니다.

나의 마음을 일으키고 싶으나

어찌 일으켜야 할지 알지 못하겠습니다.

주님은 나의 소망이라 하였으나

지금 정말 주님은 나의 소망인지 느끼지 못하겠습니다.

주님 왜 나여야 합니까?

이 세상에 이렇게 사람이 많은데 왜 나여야 했습니까?

이 질문을 멈추고 싶지만 멈추어지지 않는

PRAYER OF HEALING

연약함을 불쌍히 여겨 주소서.
이제는 이 질문을 멈추게 하소서.
누구도 알 수 없는 이 고난의 답을 주님만 아시오니
이 땅에서 내가 깨닫지 못할지라도
나로 하여금 시험에 들지 말게 하소서.

오늘 그 누가 아니라 나로 인하여 내가 시험에 들었습니다.
나에게 다시 믿음을 허락하소서.
주님은 여전히 나를 사랑하신다 말씀하여 주소서.
이 세상에 나는 혼자가 아니며, 나의 아픔을 공감하고
나를 돕길 간절히 원하는 사람들이
많다는 것을 믿게 하소서.
스스로 고독의 골짜기로 몰아가는 것을 멈추게 하소서.
내가 외롭다는 것을 증명하려고 몸부림치는,
그래서 이 세상에서 내가 제일 불쌍하다고 시위하려는
악한 마음을 버리고 회복의 길로 들어서게 하소서.

PRAYER OF HEALING

주님은 나를 사랑하시는 분이십니다.
나를 위해 지금 나의 고통보다
백배 천배는 더한 고통을 택하셨으니 말입니다.
주님은 나를 지키시는 분이십니다.
내가 사탄의 밥이 되게 하지 않으시려고
언제나 천군천사로 나를 보호하시니 말입니다.
주님은 나의 피난처이십니다.
이 밤에 내가 누구를 찾아가며
누가 나의 말을 들어주겠습니까.
그 주님을 이제 머리가 아니라 마음으로 믿고
고독의 골짜기에서 나와 주님께 안기게 하소서.

지금도 충분히 사람들은 나를 사랑하고 있고,
나를 위로하고 싶어 하는 진심을 받아들이게 하소서.
내가 나를 더 비참하게 만들지 않아도
사람들은 이미 충분히 내가 힘들다는 것을

알고 있다는 믿음을 주소서.
이제 용기를 내어 하나님의 손을 붙잡고
사람들과 소통하게 하시고,
마음의 문을 열어 위로 받게 하소서.
선의로 손을 내밀게 하시고
도움을 받고 위로를 받는 자리에서 힘을 얻게 하소서.

나의 모든 것이 되시는
예수 그리스도의 이름으로 기도합니다.
아멘!

> 무릇 하나님께로부터 난 자마다 세상을 이기느니라
> 세상을 이기는 승리는 이것이니 우리의 믿음이니라
> 예수께서 하나님의 아들이심을 믿는 자가 아니면
> 세상을 이기는 자가 누구냐 (요한1서 5장 4-5절)

7

죽음의 두려움을
극복하기 위한 기도

모두가
천국 소망을
갖게 하소서

- 내 심장에서 우러나오는 믿음의 고백을 하게 하소서
- 기쁨과 환희로 마땅히 가야할 나의 본향을 묵상합니다
- 천국에는 더 큰 기쁨이 있다는 확고한 믿음을 갖게 하소서
- 영광스런 아버지의 자녀로 빛나는 천국을 누릴 줄 믿습니다
- 감사할 것이 많은 인생이었음을 고백합니다

나는 부활이요 생명이니
나를 믿는 자는
죽어도 살겠고,
무릇 살아서 나를 믿는 자는
영원히 죽지 아니하리니

PRAYER OF HEALING

내 심장에서 우러나오는
믿음의 고백을 하게 하소서

생명의 주인 되시는 하나님 아버지,
오늘도 숨 쉬게 하시니 감사합니다.

주님께서 주신 생명의 불이 꺼져가는 이때에
나에게 남은 시간이 얼마인지는 가늠할 수 없으나
이 모든 주권이 주님의 손에 있음을 고백합니다.
오늘도 죽음의 두려움을 이기게 하여 주소서.
나의 마음을 사로잡으려 하는
모든 의심의 구름을 거둬주시고,
주님을 향한 믿음이 더욱 강해지는 날 되게 하소서.

하나님을 향한 원망으로
이 소중한 시간을 낭비하지 말게 하시고,
힘겨웠지만 지난날 참 좋은 날도 많았다 고백하며
감사하는 시간되게 하소서.
남은 시간동안 사랑하는 가족들을 만날 수 있는
축복을 허락하소서.
내 마음에 용기를 주셔서
그들을 향해 하지 못했던 사랑의 고백들을
미련없이 할 수 있는 담대함을 허락하소서.
망설이지 말고 나의 입술을 열어
작은 미안함도 용서를 구할 수 있게 하소서.

나에게 정말 소중했던 사람들과 눈을 마주치며
따뜻하게 손잡을 수 있는 시간을 허락하소서.
나의 영혼을 받으실 주님을 향해 1분 1초를 아껴
내 심장에서 우러나오는 믿음의 고백을 하게 하소서.

PRAYER OF HEALING

주님은 다 아실 거라 여겨
미루지 말게 하시고,
내 일평생 주님께 올려드릴
최고의 믿음의 고백을
매일 매일 반복하며 평안을 누리게 하소서.

주님의 뜻과 주권을 믿고 신뢰합니다.
나의 연약한 육체 가운데 임재하여 주소서.
주님의 품에 나를 안아주소서.

이 차가운 병상 가운데
주님의 따뜻한 온기가 가득하게 하소서.
주님만을 바라고 주님만을 신뢰합니다.
나의 주가 되시는
예수 그리스도의 이름으로 기도합니다.
아멘!

너희는 마음에 근심하지 말라
하나님을 믿으니 또 나를 믿으라
내 아버지 집에 거할 곳이 많도다
그렇지 않으면 너희에게 일렀으리라
내가 너희를 위하여 거처를 예비하러 가노니
가서 너희를 위하여 거처를 예비하면
내가 다시 와서 너희를 내게로 영접하여
나 있는 곳에 너희도 있게 하리라

(요한복음 14장 1-3절)

기쁨과 환희로 마땅히 가야할
나의 본향을 묵상합니다

나를 받아주시는 하나님 아버지,
아직 나로 살아있게 하시니 감사합니다.
오늘 하루도 너무나 소중한 선물임을 고백합니다.
주님, 이 하루 가운데 고통을 멈추어 주시고
쉴 수 있는 평안한 하루를 허락하소서.

흙으로 만들어져서 이제 다시 흙으로 돌아가야 하지만
정말 중요한 것은 이 흙으로 된 육체가 아니라
아버지의 생기를 받아 숨 쉬었던
나의 영혼이 진정 나의 존재임을 고백합니다.

PRAYER OF HEALING

나는 사라지는 것이 아니라,
주님께로 돌아가는 것임을 믿습니다.
옷을 갈아입듯이 흙을 벗어 버리고
새로운 옷으로 갈아입는 과정이 죽음임을 믿습니다.

죽음 이후가 두려운 것이 아니라
죽어가는 과정의 고통이 참으로 두렵사오니
주님, 나의 남은 시간 가운데 고통을 가져가 주옵소서.

옷을 갈아입는 순간
주님께서 나를 강한 팔로 붙잡아 주시고
나로 알 수 없는 기쁨과 환희로
마땅히 가야할 나의 본향으로 인도하여 주소서.

조금 더 맑은 정신을 가지고 있을 때에
사랑하는 사람들을 바라보게 하소서.

PRAYER OF HEALING

미루고 미루었다가
아쉬움을 남기고 가지 말게 하시고
도적같이 나에게 온 이 질병처럼
도적같이 찾아올 죽음 앞에
평안함으로 준비하게 하소서.

이제는 사람과의 동행이 아니라,
주님과의 동행이오니 죽음을 슬퍼하지 말게 하시고
오늘부터 더 친밀하게 주님과 동행함으로
편안한 천국길을 소망하게 하소서.
잠자듯 나를 불러주시고
주님 만나면 "참 감사한 인생을 살았습니다"라고
고백하게 하소서.

오늘 고통으로부터 나를 건지시고
평안으로 인도하시는 주님을 기다리고 갈망합니다.

나의 생명이 되시는

예수 그리스도의 이름으로 기도합니다.

아멘!

예수께서 이르시되
내가 곧 길이요 진리요 생명이니
나로 말미암지 않고는
아버지께로 올 자가 없느니라
(요한복음 14장 6절)

천국에는 더 큰 기쁨이 있다는 확고한 믿음을 갖게 하소서

은혜의 하나님 아버지,
오늘도 비록 연약한 육체 안에 갇혀 있지만,
나의 영혼이 주님을 바라보게 하시니 감사합니다.
하나님의 성실하신 은혜로
지금까지 살아오게 하심을 감사합니다.

나의 삶이 내 생각보다 비록 짧고 아쉬울지라도
주님께서 나를 부르신 그 부르심을
다 이루고 가는지
돌아보고 감사하는 시간되길 원합니다.

참으로 부족한 인생이었음을 고백합니다.
그러나 또한 그것이 최선이었음을 고백합니다.

나의 연약함과 부족함을 용서하여 주소서.
내가 주님 앞에 더 충성하지 못하였던 것을
용서하여 주소서.
고난 앞에 많은 원망을 했던 것을
용서하여 주소서.
뒤돌아보니 감사할 것도 참 많았는데
그리하지 못하였음을 용서하소서.

나에게 사랑하는 가족들을 허락하셨음에 감사합니다.
나의 인생길에 그래도 기쁨과 감사할 일들이
많이 있었음에 감사합니다.
그 무엇보다 내가 믿음을 가지고 주님의 품에 안길 수 있도록
천국의 소망을 주심에 감사드립니다.

PRAYER OF HEALING

죽음 앞에 아무도 이해하지 못할
고독한 단독자로 외롭게 서 있지만,
주님께서 나의 손을 꼭 붙잡고 계심을 믿습니다.

내가 이 땅에서 더 산다면
더 많은 일을 하고 자식들을 더 잘 돌보고,
더 좋을 일을 많이 할 수 있을 거라는
미련을 버리게 하소서.
주님께서 부르시는 방법 그대로 순종하며
나의 사명을 마무리하고
평안함으로 안식할 수 있게 하소서.

이 땅에도 사랑하는 사람들과
기뻐하는 일들이 많이 있지만,
주님과 함께 하는 천국에는 더 큰 기쁨이 있다는
확고한 믿음을 갖게 하소서.

그래서 살면서 순종했던 믿음만큼이나
천국을 소망하는 믿음을 갖게 하소서.
한 순간도 내 손을 놓지 말아주소서.

나의 인도자 되시는
예수 그리스도의 이름으로 기도합니다.
아멘!

> 하나님이 세상을 이처럼 사랑하사 독생자를 주셨으니
> 이는 그를 믿는 자마다 멸망하지 않고 영생을 얻게 하려 하심이라
> 하나님이 그 아들을 세상에 보내신 것은
> 세상을 심판하려 하심이 아니요
> 그로 말미암아 세상이 구원을 받게 하려 하심이라
> (요한복음 3장 16-17절)

영광스런 아버지의 자녀로
빛나는 천국을 누릴 줄 믿습니다

사랑하는 하나님 아버지,

인생의 마지막에 누가 소망이 없다 하였습니까?

아버지는 나의 소망이시며,

나의 구원이시며,

나의 본향이십니다.

주님을 간절히 그리워하오니

이제 나를 받아 주시고 나를 맞아주소서.

내 코에 호흡이 있는 시간이 축복인 것 같으나,

진정한 축복은 주님 계신 곳에서 주님과 함께

천국을 누리는 것이 가장 큰 축복임을 믿습니다.

그 시간이 다가옴을 기대하고 기도합니다.

지나간 생에 대한
모든 아쉬움과 미련을 벗어 버리게 하소서.
내가 돌보지 않아도
주님께서 나의 자녀들을 돌보실 것을 믿습니다.
내가 이 땅에 놓고 가는 모든 것들은
다 없어질 먼지와 같은 것임을 믿습니다.
사라질 것들에 마음을 남기지 말게 하소서.
경험하지 못한 죽음의 길 앞에 두렵고 떨리지만,
또한 경험하지 못한 천국의 찬란함 때문에
내 마음에 기쁨을 허락하소서.

주님을 만나는 순간까지 고통이 없게 도와주소서.
주님을 만나는 순간,
이 세상 모든 것을 다 잊고 이렇게 기쁠 줄 알았다면

PRAYER OF HEALING

내가 왜 두려워했을까 싶을 만큼
천국에 가는 기쁨을 허락하소서.
주님의 약속하심을 믿습니다.
내가 주 예수 그리스도를 믿고
십자가로 구원을 얻었으니
내가 이 땅에서도 주님의 백성이요,
저 천국에서는 더 영광스런 아버지의 자녀로
빛나는 천국을 누릴 줄 믿습니다.

오늘의 고통이 이 기쁨을 빼앗아가지 못하게 하소서.
나의 숨 쉬는 이 순간을 지키시고 붙잡아 주소서.
남은 가족들 모두가 아버지를 믿고 예수님을 영접하여
저 천국에서 다시 만날 수 있는 큰 축복을 허락하소서.
내가 하늘 문을 향하여 주님 앞에 고백하오니
나의 인생 모든 것이 은혜였음을 고백합니다.
주께서 나를 사랑하셨고 주께서 나를 인도하셨습니다.

주의 은혜가 한 순간도 변함없이
나를 천국으로 인도하실 것입니다.
그 주님을 사랑합니다.

나를 위해 십자가를 지신
예수 그리스도의 이름으로 기도합니다.
아멘!

> 예수께서 이르시되
> 나는 부활이요 생명이니
> 나를 믿는 자는 죽어도 살겠고
> 무릇 살아서 나를 믿는 자는
> 영원히 죽지 아니하리니
> 이것을 네가 믿느냐
> (요한복음 11장 25-26절)

감사할 것이 많은
인생이었음을 고백합니다

구원의 하나님 아버지,

오늘도 나의 숨 쉬는 것을 아시고

매 순간 아버지를 기억하게 하심을 감사합니다.

지난날의 시간은 그리도 빨랐는데,

이 고통의 시간은 왜 이리 더디게 가는지요.

이리도 긴 하루였는데

그 시간에 가족들과 더 함께 하지 못했던 시간들이

너무도 아쉬운 마음입니다.

지난 시간들을 지켜주신 아버지 감사합니다.

늘 부족한 것처럼 발을 동동 굴렀지만,
사랑하는 가족을 주시고, 친구를 주시고,
내가 존재할 이유들을 주셨던 아버지 감사합니다.

이제는 지나간 시간처럼 살 수는 없지만
과거의 아름다움을
다시 추억하게 하여 주옵소서.
그래도 감사할 것이 많은 인생이었음을 고백합니다.

주님께서 나를 선택해 주셔서
하나님과 동행할 수 있었음에 감사합니다.
내가 느끼지 못하는 순간에도
주님께서 항상 지켜주셨음에 감사합니다.

나에게 언제나 일용할 양식을 주셨던
아버지 감사합니다.

PRAYER OF HEALING

아주 평범한 일상이지만
그것이 얼마나 위대한 것이고 감사한 것인지
뒤돌아보니 더욱 소중합니다.

이제 남겨지는 모든 것들을
주께서 지켜주시고
나의 가족들을 지키고 인도하소서.
내가 할 수 없는 모든 것들을
주님께서 하여주소서.

나는 예수 그리스도를 믿습니다.
그분의 십자가 지심이
바로 나의 죄 때문임을 인정합니다.
나의 마음의 주인은
바로 예수 그리스도이며
이 믿음으로 나는 구원 받음을 믿습니다.

아버지여, 나에게 천국의 문을 열어주소서.

이 순간부터 주님의 손을 꼭 붙잡고

그 길을 가게 하소서.

주님을 사랑합니다.

이 인생길 참으로 감사했습니다.

나를 받아주소서.

나의 구원되시는

예수 그리스도의 이름으로 기도합니다.

아멘!

나는 선한 싸움을 싸우고
나의 달려갈 길을 마치고 믿음을 지켰으니
이제 후로는 나를 위하여 의의 면류관이 예비되었으므로
주 곧 의로우신 재판장이 그 날에 내게 주실 것이며
내게만 아니라 주의 나타나심을 사모하는 모든 자에게도니라
(디모데후서 4장 7-8절)

사명선언문

너희가 흠이 없고 순전하여……세상에서 그들 가운데 빛들로
나타내며 생명의 말씀을 밝혀 _ 빌 2:15-16

1. 생명을 담겠습니다
만드는 책에 주님 주신 생명을 담겠습니다.
그 책으로 복음을 선포하겠습니다.

2. 말씀을 밝히겠습니다
생명의 근본은 말씀입니다.
말씀을 밝혀 성도와 교회의 성장을 돕겠습니다.

3. 빛이 되겠습니다
시대와 영혼의 어두움을 밝혀 주님 앞으로 이끄는
빛이 되는 책을 만들겠습니다.

4. 순전히 행하겠습니다
책을 만들고 전하는 일과 경영하는 일에 부끄러움이 없는
정직함으로 행하겠습니다.

5. 끝까지 전파하겠습니다
모든 사람에게, 땅 끝까지, 주님 오시는 그날까지
복음을 전하는 사명을 다하겠습니다.

서점 안내

광화문점 서울시 종로구 새문안로 69 구세군회관 1층
02)737-2288(T) 02)737-4623(F)

강남점 서울시 서초구 신반포로 177 반포쇼핑타운 3동 2층
02)595-1211(T) 02)595-3549(F)

구로점 서울시 구로구 시흥대로 577 3층
02)858-8744(T) 02)838-0653(F)

노원점 서울시 노원구 동일로 1366 삼봉빌딩 지하 1층
02)938-7979(T) 02)3391-6169(F)

분당점 경기도 성남시 분당구 황새울로 315 대현빌딩 3층
031)707-5566(T) 031)707-4999(F)

신촌점 서울시 마포구 서강로 144 동인빌딩 8층
02)702-1411(T) 02)702-1131(F)

일산점 경기도 고양시 일산서구 중앙로 1391 레이크타운 지하 1층
031)916-8787(T) 031)916-8788(F)

의정부점 경기도 의정부시 청사로47번길 12 성산타워 3층
031)845-0600(T) 031) 852-6930(F)

인터넷서점 www.lifebook.co.kr